CHIEMGAU

HERRENCHIEMSEE UND FRAUENINSEL

Der Chiemsee! Wenn ich die Augen schließe
und – sei es wo immer – Wasser an Schiffsplanken
plätschern höre, erwacht in mir die Erinnerung
an die Jugendzeit, an Stunden, die ich im Kahn verträumte,
den See rundum und den Himmel über mir.
Ich sehe die stille Insel, von der die feierlichen
Glockenklänge herüberklingen, ich höre den Kahn auf
feinem Kiese knirschen, springe heraus und stehe
wieder unter den alten Linden, von wo aus der Blick über
die blaue Flut hinüber nach den Chiemgauer und
Salzburger Bergen schweift.

LUDWIG THOMA, ERINNERUNGEN, 1919

Am Waginger See. Im wärmsten See Oberbayerns baden auch die Kleinsten gern.

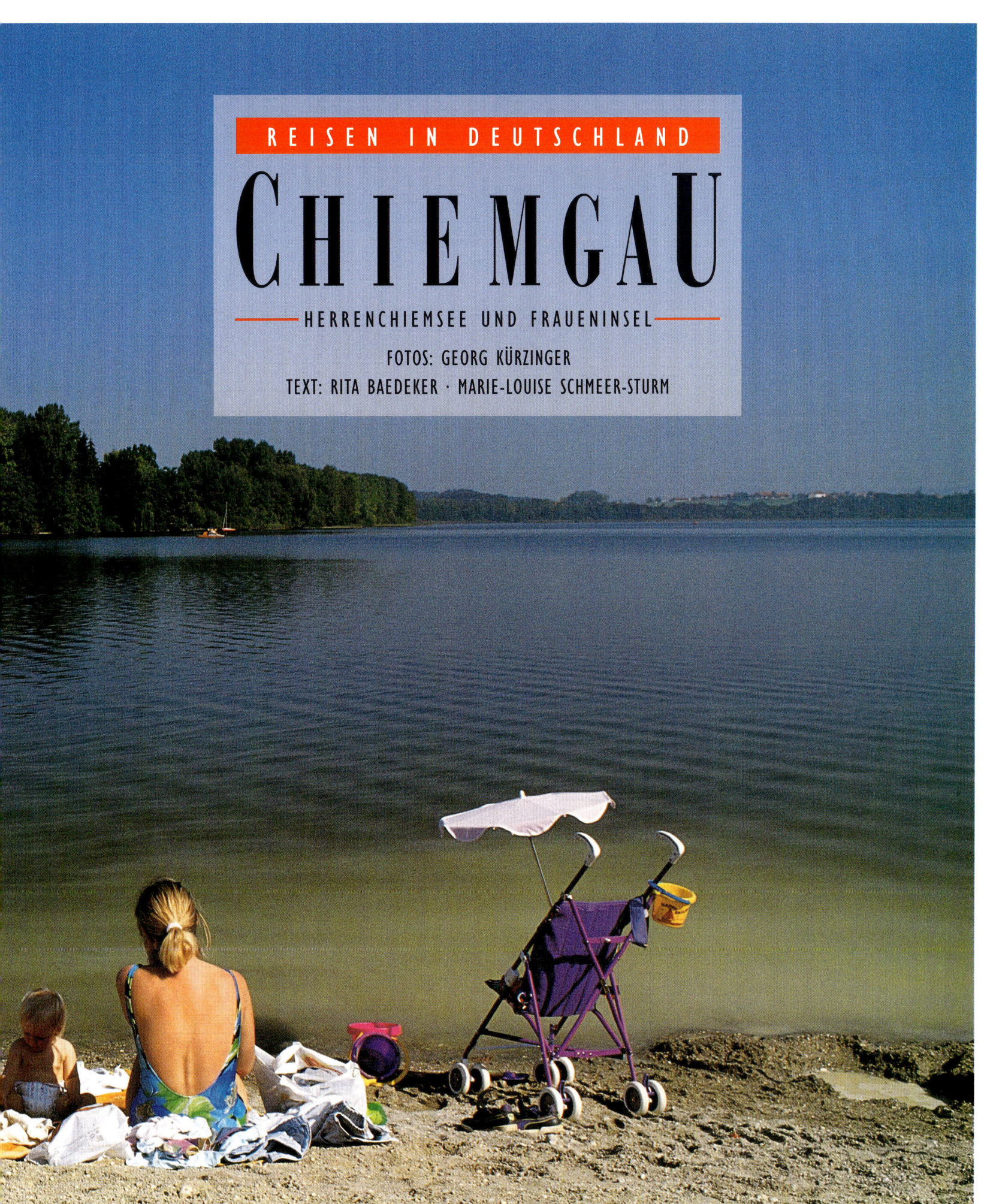

REISEN IN DEUTSCHLAND

CHIEMGAU

HERRENCHIEMSEE UND FRAUENINSEL

FOTOS: GEORG KÜRZINGER

TEXT: RITA BAEDEKER · MARIE-LOUISE SCHMEER-STURM

BUCHER

*Die gotische Wall-
fahrtskirche Sankt
Bartholomäus in
Roßholzen am
Samerberg.*

*Der Chiemsee
zeigt sich von sei-
ner romantischen
Seite: Sonnen-
untergang bei
Chieming.*

*Gipfelrast auf dem
1563 Meter hohen
Hochries im
südwestlichen
Chiemgau.*

Reisen im Chiemgau:
*Eine Schiffsfahrt zum Schloß
Herrenchiemsee und zur
Fraueninsel, Wanderungen und
Fahrradausflüge durchs sanfte
Hügelland, eine Bergtour in den
Chiemgauer Alpen und danach
eine kräftige Brotzeit im
Biergarten.*

Auf der Strecke der Deutschen Alpenstraße zwischen Reit im Winkl und Ruhpolding liegt der Weitsee.

Marie-Louise Schmeer-Sturm

In Ruhpolding-Laubau werden Almbuschen versteigert. Den auch «Fuikl» genannten Schmuck aus Zweigen und Blumen setzt man den Kühen beim Almabtrieb auf, wenn den Sommer über auf der Alm kein Unglück geschehen ist.

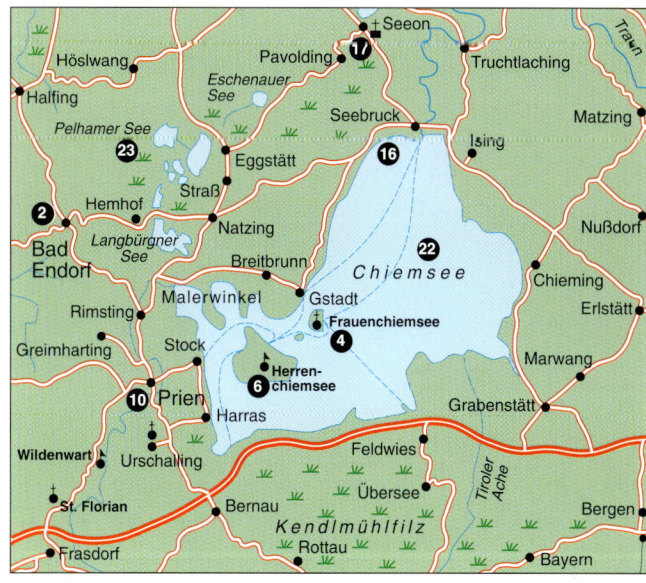

Die Landwirtschaft spielt im Chiemgau noch eine große Rolle. Im Bild ein altes Bauernhaus bei Gstadt.

KRIPPENLAND ZWISCHEN INN UND SALZACH

Der Chiemgau erinnert an eine liebevoll modellierte Krippenlandschaft mit Zwergenhügeln und Felszacken, Seen, Flüssen und dunklen Mooren. Und in dieses pastorale Bühnenbild hat der Schöpfer ein paar eigenwillige Musterbeispiele aus dem großen Katalog der Künste gesetzt. Ein Landstrich, der Ruhe, Maß und Geborgenheit vermittelt.

Gotik, Barock und Rokoko leben einmütig mit- und nebeneinander. In der Priener Pfarrkirche zum Beispiel malte Johann Baptist Zimmermann das Fresko der «Seeschlacht von Lepanto», ein gewaltiges Stück mit geblähten Segeln und hohen Wellen. Nicht weit davon erzählt der Freskenmaler des romanischen Kirchleins von Urschalling den Gläubigen im gotischen Bildprogramm einer Armenbibel drastisch von Tod und Auferstehung. Der Meister von Rabenden hat mit seinem spätgotischen Altar in der Kirche Sankt Jakobus des Älteren einen der kostbarsten Schätze der Region geschaffen. Aber auch die Wallfahrtskapelle auf dem Streichen im Achental, ebenso wie Urschalling mit gotischer Freskenkunst gesegnet, oder das barocke Deckenfresko von Jakob Carnutsch in der Grassauer Pfarrkirche, auf dem drei Bruderschaften mit Granatkugeln eine turm-

artige Festung, die Himmelsburg, beschießen, gehören zum Erbe des Chiemgaus. Viele kleine und große, in jedem Fall aber rare Kunstwerke birgt dieses kleine Land im Südosten Deutschlands, das sich Salzburg zuneigt, römische «Erziehung» genoß, Tiroler Spielfreude besitzt, die niederbayerische Verwaltung überstand und die Münchner Schickeria erträgt.

Es fehlen die «Durststrecken», die andere Landschaften haben, die kahlen Ebenen, die nie aufzuhören scheinen und das Herz so schwermachen können, es fehlt auch die kalte, schneidende Einsamkeit der Gletscherregionen ferner Gebirge.

Der Chiemsee mit seinen Inseln Herren- und Frauenchiemsee ist in eine sanfte Moränenlandschaft eingebettet, nur im Süden, da reichen die Kalkalpen so nah und unvermittelt an das Ufer heran, daß kein fließender Übergang zwischen dem Hochgebirge und dem Flachland vorhanden ist, sondern nur eine mehrere Kilometer breite Fläche, die früher vom See, heute zum großen Teil von Moosen und Filzen bedeckt ist. Dieser Bergriegel im Süden wirkt wie die Rückwand eines großen Schreins, der See, Inseln, Klosterturm und Segelboote einschließt, als wolle er sie beschützen.

Die gestaltende Kraft von Eis und Wasser

Die Hügel im Westen, Norden und Osten sind Schutt- und Geschiebehalden, die der Inn-Chiemsee-Gletscher vor langer Zeit aufeinanderschichtete. Zwischen den abgeschliffenen Moränenhügeln liegen die kleinen Waldseen, beispielsweise die Seeoner Seenplatte oder die Eggstätter und Hemhofer Seen, von Schilfgras bewacht, von Milliarden Mücken, Libellen und anderem Seegetier bewohnt. Hier blühen an manchen Stellen noch Seerosenkolonien. Die Natur und die allgegenwärtigen Schnaken machen es dem Badegast nicht leicht, er muß recht viele Kompromisse mit dem nicht immer weichen und ebenen Waldboden, den Stechmücken und den oft sumpfigen Wiesen schließen, wenn er sich am Ufer eines dieser «Toteislöcher» genannten Chiemgauer Seen sonnen möchte.

Ein beliebtes Ausflugsziel im Chiemgau ist die 13,5 Hektar große Fraueninsel. Weder Straßenlärm noch hektische Geschäftigkeit stören die Ruhe auf der Insel.

Vom Hafen Prien-Stock aus bringen Schiffe die Touristen zu den Inseln Herrenchiemsee und Frauenchiemsee. Der erste Passagierdampfer wurde 1845 in Betrieb genommen.

Zu diesem gräßlichen und irreführenden Namen kamen die romantischen «Badewannen» nur durch ihre Entstehung: Der große Gletscher verlor an seinen Rändern immer wieder Brocken, die, unter Schutt begraben, lange Zeit gefroren blieben. Als sie schließlich schmolzen, hinterließen sie tiefe Löcher, in denen sich nun das Wasser sammeln konnte.

Wenn ich an die sommerlichen Wochenendausflüge nach Hemhof und zum Langbürgner See denke, fallen mir die großen Gehöfte, das Bundwerk der Scheunen, die Buchenwälder ein. Und ich träume wieder von Sonnenschein und Schwimmen, Ponyreiten und Glockengeläut.

Man kann lange nachgrübeln, woher diese große Ruhe kommt, die der Chiemgau ausstrahlt. Es sind, glaube ich, die Proportionen, es ist die Natur, die in keiner ihrer Ausdrucksformen übertreibt, mit einer Ausnahme allerdings: dem Chiemseegewitter. In einem benachbarten Landkreis lebend und mit dem Privileg ausgestattet, einen freien Blick auf die Alpenkette zu haben, kann ich manchmal beobachten, wie sich die Unwetter über dem Inntal und dem Rosenheimer Land zusammenballen, während der Südrand von München einigermaßen ungeschoren davonkommt. Am nächsten Tag steht in der Zeitung, welchen Schaden das Ge-

witter angerichtet hat. Wieviele Kühe vom Blitz erschlagen wurden, wieviele Scheunen Feuer fingen und wieviele Segler, die nicht rechtzeitig das rettende Ufer erreicht haben, an Land geholt werden mußten. Der Chiemsee, dieses rund achtzig Quadratkilometer große Gletscherbecken, kann sich während eines Gewittersturms in ein grünes, tobendes Meer mit hohen Wellen und weißer Gischt verwandeln, vielleicht nicht ganz so ungestüm, wie es viele der einst auf der Fraueninsel im Sommer ansässigen Chiemsee-Maler überschwenglich und plastisch auf ihren Gemälden dargestellt haben *(siehe auch Seite 24)*, aber doch so, daß man als Wassersportler Respekt vor ihm haben sollte.

Die gestaltende Kraft von Eis und Wasser hat faszinierende Naturschönheiten geschaffen. Eine davon sind die ausgedehnten Moorgebiete zwischen Bergen und Bernau, die zum großen Teil unter Naturschutz stehen. Mehlprimeln, Trollblumen, Knabenkraut und Schwertlilie sind hier heimisch. Die Vogelwelt ist – immer noch – artenreich. Naturkundliche Vogel- und Pflanzenexkursionen erschließen dem interessierten Feriengast die faszinierende Fauna und Flora.

Eine Wanderung durch die «Filze» genannten Hochmoore zum Beispiel führt in eine herbe, etwas traurige Landschaft, die von Torfmoosen, Heidekraut und

10

Latschen geprägt ist. Eine noch intakte Hochmoorfläche liegt zwischen Grassau und Westerbuchberg, die «Kendlmühlfilze». Beinahe hätte sich vor Jahren der Freistaat Bayern vor den Karren der Industrie spannen lassen, die dieses Gebiet wirtschaftlich nutzen wollte, dann aber setzten sich die Naturschützer durch, und die Filze wurden gerettet. Außerdem entstand vor ein paar Jahren hier ein Industriedenkmal: Der einstige Torfbahnhof wurde restauriert und dient jetzt als Museum.

Ein Blick in die Geschichte

So harmonisch und reich die Landschaft, so interessant und voller Legenden ist auch die Kulturgeschichte des Chiemgaus. Ein 1986 bei Siegsdorf entdecktes Mammutskelett ist vermutlich die mit 300 000 Jahren älteste Spur von Leben in der Region. Der früheste Nachweis von menschlichen Siedlungen am Chiemsee ist ein Scherben mit Flechtmuster, den man zur steinzeitlichen Kultur zählt. Andere Funde der Jungsteinzeit belegen, daß die frühen Chiemgauer schon in der Lage waren, zu den Inseln des Chiemsees überzusetzen. Die «Plätte», ein simples Flachboot, das aus dem Einbaum entwickelt wurde, war der erste Schiffstyp auf dem See. Noch im vorigen Jahrhundert war sie bei den dortigen Fischern

in Gebrauch. Damals, also etwa 4000 bis 1100 v. Chr., gehörte der Chiemsee zum keltischen «Noricum», dem ersten Königreich nördlich der Alpen.

Im Jahr 15 v. Chr. kamen die Römer und schufen zwischen dem Inn und dem Flußlauf von Traun und Alz eine wichtige Ost-West-Straßenverbindung. Von da an gehörte der Chiemgau ein halbes Jahrtausend zum römischen Imperium. Die Römer brachten Baukunst und Badekultur ins Land, traten aber als Kolonialherren im übrigen verbindlich auf. Die meisten und schönsten Funde aus der Römerzeit sind in Seebruck, der ehemaligen Straßenstation «Bedaium» zu beiden Seiten der Alz, ausgegraben worden. In allmählicher gegenseitiger Anpassung entstand im Lauf der Zeit eine gemeinsame Kultur, an die sich nahtlos die große Zeit der Klöster auf den See-Inseln, in Seeon und anderswo, anschloß.

Mit dem Christentum gewann das Erzbistum Salzburg bestimmenden Einfluß im bayerischen Stammesherzogtum, der, was die kirchlichen Belange anging, bis zur Säkularisation andauerte. Politisch hingegen gehörte der Chiemgau lange Zeit zu Niederbayern. Von Kriegen blieb der Chiemgau bis ins 20. Jahrhundert weitgehend verschont. 1648 verhinderte zum Glück das Hochwasser des Inns ein Eindringen der Schweden in die heitere Idylle. Landes- und Kirchenfürsten ließen die Bauernkultur in Frieden leben. Nicht wenige bodenständige Künste, Bildhauerei, Handwerk und Bräuche haben sich daher zu hoher Blüte entfalten können, was hier – wie anderswo – vor allem dem Wirken der Klöster zu verdanken ist.

Eines der bedeutendsten und schönsten ist das mächtige Kloster Seeon. Es besteht bereits seit über tausend Jahren. 994 wurde es von Pfalzgraf Aribo I. gegründet, der Konvent entwickelte später eine bedeutende Schreibschule. Die mittelalterlichen Prunkschriften, die hier entstanden, sind heute auf verschiedene

europäische Bibliotheken verteilt. Kaiser Heinrich II. hatte die kostbaren Handschriften in Auftrag gegeben. Im frühen 13. Jahrhundert verlor Seeon dann aber seine Position als Reichskloster und wurde bis zur Säkularisation zum Prälatenkloster.

Nach der Renovierung des Klosters richtete man 1993 ein Kultur- und Bildungszentrum ein. Ihre romantische Lage auf einer Halbinsel machen die romanische Basilika, die Rokokokapelle und die Klosterschenke mit ihren mittelalterlichen Gewölben zu einem Magneten für Besucher aus aller Welt.

Keimzelle der christlichen Mission im Chiemgau aber waren zwei andere Abteien. Um 650 gab es auf dem Chiemsee wahrscheinlich bereits zwei Klöster. Der von einem irischen Mönch gegründete Konvent auf

Herrenchiemsee gilt als die ältere Gründung. Im Jahr 766 stiftete Herzog Tassilo III. aus dem Geschlecht der Agilolfinger dann auf Frauenchiemsee ein Benediktinerinnenstift. Erste Äbtissin wurde die später selig gesprochene Irmengard, Tochter König Ludwigs des Deutschen und Urenkelin Karls des Großen.

Obwohl aber die beiden Klöster enge Nachbarn und Schicksalsgenossen waren, sollten sie in den folgenden Jahrhunderten ganz verschiedene Wege gehen. Während das Kloster Frauenchiemsee alle Zerstörungen, Angriffe und Auflösungen nahezu unbeschadet überlebte, wurde Herrenchiemsee bald von königlichen Willen statt vom klösterlichen Leben bestimmt.

Fuchsjagd auf Herrenchiemsee

In Gstadt besteige ich ein Schiff zur Herreninsel. Von dunklem Föhnblau ist der Himmel, rotbunt leuchtet das Laub. Nur wenige Fahrgäste sind an Bord. Die Pferdekutschen, die sonst Besucher vom Landungssteg zum Schloß transportieren, sind heute «außer Betrieb», so steht es auf einem Schild. 15 Minuten dauert der Spaziergang zum Schloß. Zwischen den Wipfeln der Bäume zittern die Segel wie die Flügel von Insekten. Das Schloß, angefüllt mit kostbaren Möbeln, ist ein toter Bau, ein bayerischer «Palast der Winde», ein Märchenwald aus Spiegeln, Blattgold und den Porträts der französischen Könige Ludwig XIV. und Ludwig XV. (*siehe auch Seite 20/21*). Kein Schloß, in das ich mich verlieben könnte, kein Schloß, in dem ich eine Nacht im Prunkgemach zubringen möchte. Lieblos betreut und ungepflegt das Café, ziemlich lustlos die Führung, bei der auf weiterführende Fragen nur kurz eingegangen wird. Ein französischer Tourist ist gerührt von der Tatsache, daß ein bayerischer König so von Versailles erfüllt war, daß er eine exakte Kopie bauen ließ. Zwei ältere Damen hören indes gar nicht zu, sie debattieren und kommentieren Ludwigs schandbares Benehmen der Prinzessin Sophie von Bayern gegenüber, so als wäre es eine neue, wüste Affäre der «Royals». Und die Besucher aus dem arabischen Raum sind begeistert von dem verspielten Lüster aus Meißener Porzellan, ein Unikat, dessen Pläne der König nach der Fertigstellung vernichten ließ, damit das Kunstwerk kein zweites Mal entstehe. Geblendet, aber etwas ratlos verlassen die Besucher das Schloß, viele kehren schnurstracks zum Landungssteg zurück, nicht ahnend, daß man auf der Herreninsel wunderbar spazierengehen kann.

Ich laufe in den Laubwald, auf einmal höre ich Jagdhörner, Hundegebell, Hufgetrappel. Reiter in roten Jakken preschen vorbei, ihre Pferde sind edelstes Vollblut. Auf der Rückseite des Schlosses sammeln sie sich und reiten der Meute nach hinunter zum See.

Der Chiemsee ist ein Seglerparadies. Doch schnell schlägt das Wetter um, und Sturmböen verwandeln das idyllische «bayerische Meer» in rauhe See. Die Aufnahme entstand bei einer Regatta des Chiemsee Yachtclubs.

Fortsetzung Seite 18

Im Hafen des Yachthotels Chiemsee in Prien kann man schnittige Segelboote bewundern.

Abendstimmung am Chiemsee. – Links die Fraueninsel, rechts die Krautinsel, dahinter ein kleiner Teil der Herreninsel.

MAGIE EINER INSEL

Wenn man über die Insel Frauenchiemsee, dieses 135 000 Quadratmeter große Eiland mit seinen Beeten, Linden und Fischerbooten spaziert, merkt man nichts mehr von der Macht und Intelligenz, die hier einst konzentriert waren. Nur dann, wenn man einen trüben Herbst- oder kalten Wintertag wählt und länger hier verweilt, dann spürt man, daß die Insel ein »Kraftort« von unvergleichlicher Ausstrahlung ist.
Zur Zeit der ersten Äbtissin Irmengard war das Kloster ein Machtzentrum. Für viele Gläubige ist es das bis zum heutigen Tag geblieben: Mehr als zweitausend schriftlich bezeugte Gebetserhörungen verwahrt die Abtei. Und der Schatz vermehrt sich immer weiter, Votivbilder gibt es mehr als genug. In den alten Häusern von Frauenwörth soll es sogar Sitte gewesen sein, eine Tochter auf den Namen Irmengard zu taufen. Mit Unterstützung ihres Vaters, König Ludwig dem Deutschen, schuf die berühmte Nonne eine Abtei, von der heute nur noch die Torhalle steht. Lange hielt man diese Halle für ein romanisches Bauwerk aus dem 12. Jahrhundert, bis ein Heidelberger Archäologe herausfand, daß sie und ihre rätselhaften roten Engelsfresken im oberen Saalraum aus dem 9. Jahrhundert stammen. Mithin ist dieses schlichte Bauwerk das älteste erhaltene in Bayern. Die Erzengel, so bewies der Kunsthistoriker Hans Sedlmayr, stehen noch in der Tradition der byzantinischen Hofkunst des 6. Jahrhunderts. Ausstellungen in den Tonnengewölben, der früheren Kapelle und im Obergeschoß zeigen Kunstgegenstände und Kopien aus dieser frühen Gründungsphase, aus der Zeit der Agilolfinger.
Auf der Insel leben etwa 600 Menschen: Nonnen, Fischer, Bootsbauer, Töpfer und Wirte zumeist. Die Inselfamilien, auch heute noch »a eigene Rass«, wie Kurdirektor Peter Donauer in Prien sagt, Menschen, die sich nicht gleich jedem Fremden gegenüber aufgeschlossen zeigen, stammen allesamt aus alteingesessenen Familien, ebensoalt sind die Betriebe, in denen schon Vater, Großvater und Urgroßvater arbeiteten. Seit 180 Jahren ist der Inselwirt ansässig. Die Inseltöpferei ist sogar schon seit 1609 in der Hand der Familie Klampfleuthner. Bis zur Säkularisation lieferten sie dem Kloster Geschirr und Kachelöfen und den Fischern Tonkugeln zur Beschwerung der Netze. Kloster und Inseldorf waren aufeinander angewiesen, arbeiteten eng zusammen.
Heute drängeln sich in der niedrigen Verkaufsstube der Töpferei die Touristen, um Krüge, Teller oder einen der wundervollen, sündteuren Kachelöfen zu kaufen. In den Restaurants und Cafés stehen sie nach frischem Fisch, Zwetschgendatschi oder Apfelkuchen an.
Kehrt man indes bei einer der Fischerfamilien ein, kann man geräucherte Renken und Brachsen probieren und etwas über die Chiemseefischerei erfahren, zum Beispiel warum es so viele Fischarten

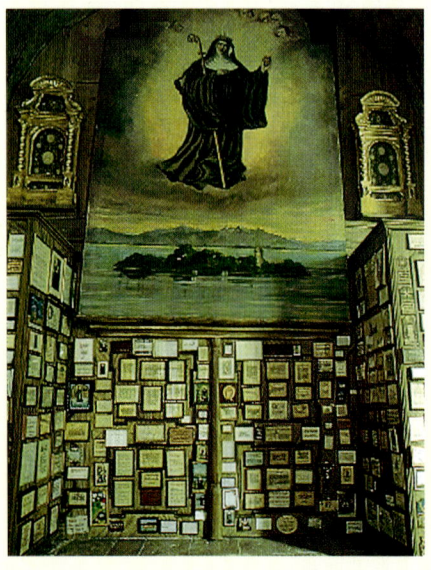

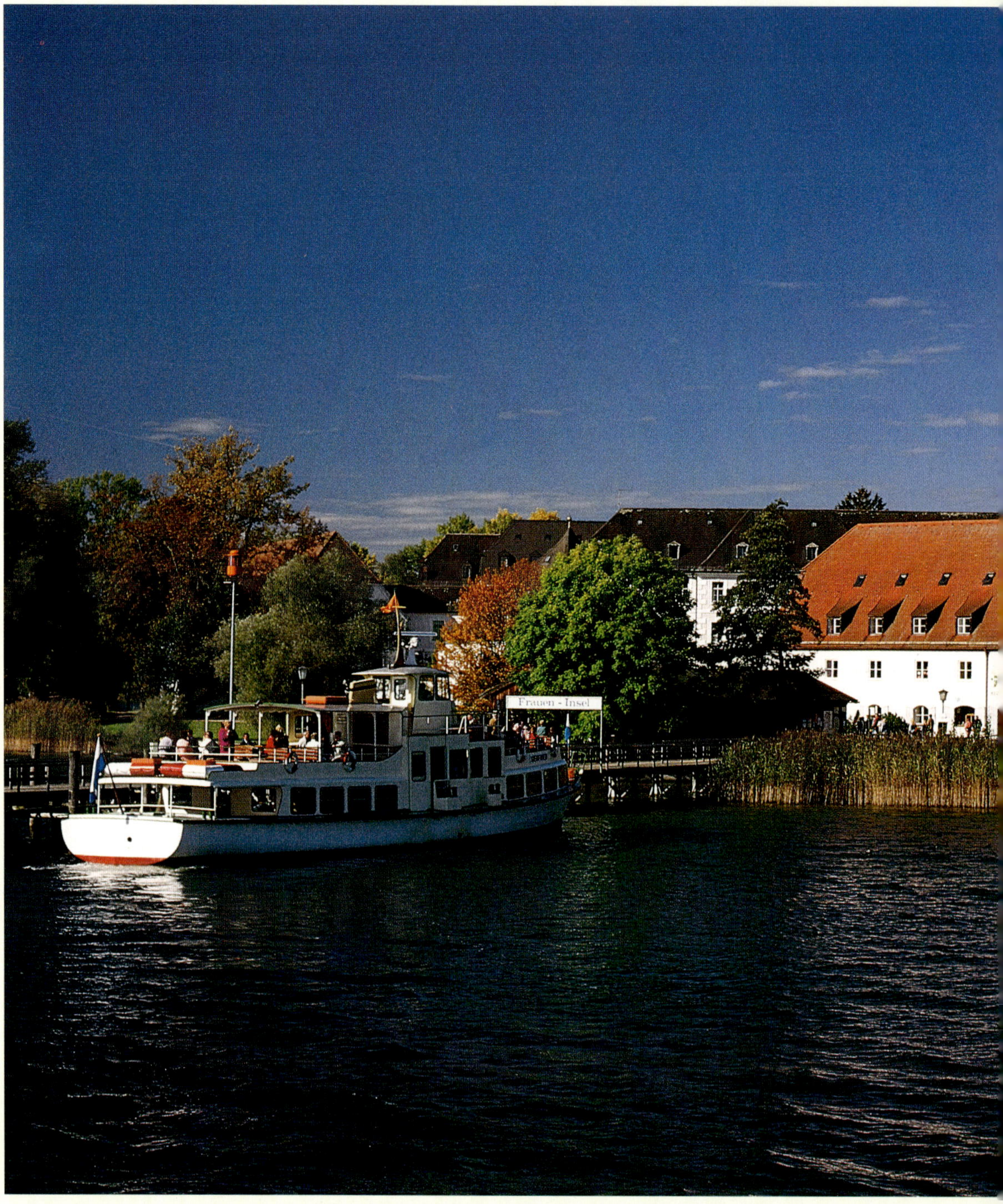

Links: In der Klosterkirche von Frauenwörth. Mit Votivtafeln danken zahlreiche Gläubige der seligen Irmengard, daß sie ihnen in Notlagen beistand.
Mitte: Ankunft am Oststeg der Fraueninsel. Freundlich empfängt das Kloster die Besucher.

nicht mehr gibt, obwohl doch die Ringkanalisation den See sehr sauber hält. Die Bootsbauer schließlich bauten schon lange bevor die Insel berühmt wurde ihre «Plätten» genannten Boote. Im Winter zimmerten sie «Stakelschlitten», auf denen man bei gefrorenem See mit zwei Stecken wie ein Gondoliere übers Eis «stakelte». Oder Hörndlschlitten für die Heufuhr. Da nämlich das Inselgelände klein, Wiesen und Weiden also rar waren, die Fischer aber von ihrem Fang allein nicht leben konnten, mußten sie nebenbei auch ein oder zwei Kühe halten. Und dazu brauchten sie Heu vom «Festland». Ihre Künste haben sie allesamt bis auf den heutigen Tag nicht verlernt, die Chiem-

see-Insulaner Vor allem die Nonnen nicht, die einen mustergültigen Kräutergarten hegen, an dem Hildegard von Bingen ihre Freude gehabt hätte. Und auch einen Likör brauen sie, der anderen Klosterlikören in nichts nachsteht.

Die heutigen Nonnen sind im übrigen keine frömmelnden Schwestern. Wenn man ihnen zum Beispiel bei einer Führung zuhört, dann überwiegen Themen wie zum Beispiel moderne Wirtschaftsführung, Management, Arbeitsplätze, Finanzen. Es ist (fast) alles wie in einem modernen Betrieb. Fast.

Dieses «fast» ist aber viel mehr als die paar Meter zwischen Festland und Insel, mehr als die Tatsache, daß Phlox, Wicken, Ro-

sen, Sonnenblumen, Malven und Rittersporn hier üppiger blühen als anderswo im Chiemgau. Schließlich ist dieses «fast» wohl der Grund, warum sich viele Besucher nie mehr von der Insel trennen konnten und sich daher auch hier begraben ließen. Felix Schlagintweit zum Beispiel erzählt in seinem 1943 erschienenen autobiographischen Roman, wie er es schaffte, ein Grab auf der Insel zu bekommen. «Da sähe ich immer das Abendrot nach Urfahrn hinüber», sagte er zum Vikar. Und auf dem Grab des Inselchronisten Max Haushofer steht geschrieben, was auf Frauenchiemsee jeder nachempfinden kann: «Das Dasein ist ja nur ein Flügelschlag der Zeit.» *Rita Baedeker*

Nun treffen auch die Inselkutschen ein. Sie sind heute nur dazu da, geladene Gäste der Jagdveranstaltung zum Hafen und zu den Ställen zu fahren. Als die Jagd vor dem Schloß ankommt, hält es manche Kutschpferde nicht länger in ihrem Gespann. Am liebsten würden sie das lästige Joch abstreifen und sich wiehernd zu den anderen gesellen. Nur so mancher rauhe Befehl kann die aufgeregten Tiere beruhigen. Und auf einmal ist mit den schnaubenden Pferden und der fürstlichen Reitgesellschaft der dornröschenhafte Bann, der über dem Schloß liegt, gebrochen. Der Waldboden dampft, das Schloß atmet, im Foyer werden Sektschalen und Knabbereien bereitgestellt, man erwartet den Landwirtschaftsminister. Draußen machen Schnäpse die Runde, und die Pferde zieht es zu den Zuschauern hinter der Hecke, um Äpfel, Zucker oder was Pferden nach einem Jagdritt schmecken mag, zu erbetteln. Während der Rückfahrt nach Gstadt ist der Himmel tiefrot, violett schimmern die Zacken der Kampenwand, weiß wie die Segel leuchtet der Turm von Frauenchiemsee, einige Segler dümpeln noch vor dem Schilf, allmählich wird es dunkel. Und Schloß Herrenchiemsee ist wieder leer und einsam: 70 Zimmer für die Geister.

Dem Schloß war das Schicksal beschieden, vom Neubau gleich zum Denkmal zu werden, denn schon am 1. August 1886, wenige Monate nach dem Tod Ludwigs II. im Starnberger See, wurde es, unvollendet, zur Besichtigung freigegeben. Dafür erkoren Touristen es zum bayerischen Top-Ziel, es ist aber auch Stätte für die Konzerte des Musiksommers zwischen Inn und Salzach, der alljährlich von sich reden macht. Rechtzeitig zu König Ludwigs 150. Geburtstag, 1995, wurden die Wasserspiele der Anlage restauriert. Seit 1994 kann man den Fama-, den Fortuna- und den Latonabrunnen in neuer Pracht bewundern. Letzterer ist eine Sehenswürdigkeit besonderer Art: Er zeigt die griechische Göttin Latona, die die Bauern, die sie verspottet hatten, in Frösche verwandelte. Als amphibische Ungeheuer hocken sie am Brunnenrand und ziehen die drolligsten Fratzen in der Kunstgeschichte der Frösche.

Wer Lebensgeschichte und Psyche des Märchenkönigs studieren möchte, kann dies im König-Ludwig-II.-Museum im Schloß tun. Dort ist der künstlerische und persönliche Nachlaß gesammelt: Dokumente, Familienbilder, Taufkleid, Kinderzeichnungen, Originalpartituren Richard Wagners, ein Gipsabdruck der rechten Hand des Königs, ein Gemälde der phantastischen Prunkbarke, die für den Chiemsee gebaut werden sollte und vieles mehr.

Im übrigen ist es nicht nur das Neue Schloß, das vieler Entdeckungen harrt. Da ist auch noch das ehemalige Stift. Nach dem Sturz der Monarchie 1918 fiel die Insel mit ihren Bauten an den bayerischen Staat. Der ver-

Der einfache Tuffsteinbau der Torhalle auf der Fraueninsel stammt aus karolingischer Zeit. Im Innern befinden sich die Michaelskapelle und Ausstellungsräume.

Ein romanisches Rundbogenportal bildet den Eingang zur spätgotisch ausgestalteten Klosterkirche auf der Fraueninsel.

Fortsetzung Seite 25

Blick über den farbenfrohen Klostergarten auf den achteckigen Turm der Kloster- kirche auf der Fraueninsel.

DER KÖNIG UND HERRENCHIEMSEE

Im März 1803 wurde im Zuge der Säkularisation die Aufhebung des Chorherrenstiftes Herrenchiemsee verfügt. Das Kloster wurde enteignet, Häuser und Ländereien standen zum Kauf an. Und damit begann für die Insel eine Zeit der zügellosen Spekulation. Siebzig Jahre lang wurden Land und Gebäude zwischen Grafen, Rittmeistern und Holzhändlern hin- und hergeschachert, bis vier schwäbische Kaufleute daran gehen wollten, den Wald abzuholzen. Die Einheimischen schickten eine Petition zum bayerischen König, und der handelte sofort: Am 26. September 1873 kaufte der Hofsekretär Lorenz von Dufflipp im Auftrag Ludwigs II. Herrenchiemsee für 350 000 Gulden.

Historiker nehmen freilich an, daß es dem Märchenkönig nicht so sehr um die Rettung alter Bäume ging, als er folgenden telegraphischen Auftrag gab: «Schließen Sie den Kauf sofort ab, das Gelände scheint entsprechend zu sein.» Denn auf Herrenchiemsee hatte der König endlich das zunächst im Graswangtal bei Linderhof geplante, ideale Gelände für sein Projekt «Meicost Ettal» gefunden. Der Name war nichts weiter als ein Code, ein Anagramm für den Satz «L'État c'est moi», Losung des Sonnenkönigs Ludwig XIV. Eine exakte Kopie von Versailles wollte der König bauen lassen, einen Tempel für den Absolutismus. Bergeweise studierte Ludwig Literatur, die bayerische Botschaft in Paris hatte die Aufgabe, den König über

Links: Vorentwurf des Betts im Schlafzimmer von Herrenchiemsee (wahrscheinlich 1883 von A. Sedler).
Unten: Die Westseite des Schlosses mit dem Fortuna-Brunnen (Holzstich um 1890).

«Gondel» zur Insel über, als Matrosen verkleidete Arbeiter des Brauhauses von Herrenchiemsee ruderten Seine Majestät hinüber. Natürlich war dies alles dem König zu umständlich und er wünschte sich für später, wie ein Kind, das vom Mondfahren träumt, eine Schwebebahn, die ihn vom Festland zur Insel tragen sollte.

Illusionen liebte Ludwig über alles. Hunderte von Blumen und Bäumen mußten eigens nach Herrenchiemsee geschafft werden, um dem Monarchen einen üppigen Park vorzugaukeln. Das Grün lieferten die bayerischen Hofgärtner. Dennoch zeigte sich Ludwig ungeduldig. Als man ihm das spätere Baumspalier vorführen wollte, nahm man anstelle der fehlenden Bäume ein hohes Holzgitter und verdeckte es mit Zweigen. Als der König

oder gar wohnen zu wollen. Die landschaftliche Schönheit der Insel interessierte ihn nicht. Er gab sich mit ein paar «bescheidenen» Zimmern zufrieden: Ankleidezimmer, Arbeitszimmer, blauer Salon, Porzellankabinett und Speisezimmer mit einem versenkbaren Tisch. Er selber wollte sich auch nirgends verewigt sehen. Nur die Porträts der beiden Franzosenkönige Ludwig XIV. und XV. durften im Schloß präsent sein. Dabei war er gewiß kein Kenner von Versailles.

Zweimal fuhr Ludwig II. nach Paris. Beim zweiten Mal, im Jahr 1874, sah er erstmals das Original seines Traumschlosses, denn er feierte in Versailles am 25. August seinen 29. Geburts- und zugleich seinen Namenstag. Frankreich zeigte sich spendabel und ließ zur besonderen Freude des

die französische Kunst stets auf dem laufenden zu halten. So sehr er sich aber mit allen Details der Bauten befaßte, so wenig interessierte er sich für den Fortgang der Arbeiten. Er hat die Insel selten besucht, kam nur einige Male im Spätherbst und übernachtete dann im Ostflügel des ehemaligen Klosters. Nur ein einziges Mal, vom 27. Mai bis 8. Juni 1884, wohnte er in seinem, im Neuen Schloß.

So selten die Reisen des Königs waren, soviel Wirbel verursachten sie: Am Haidhauser Bahnhof in München, dem heutigen Ostbahnhof, fuhr Ludwig nachts ab. In Prien hatte man ihm eine eigene Haltestelle gebaut, und von da bis nach Urfahrn eine eigene Straße angelegt. Beim Schein der Fackeln setzte Ludwig dann in einer

fragte, wie lange es dauern würde, bis die Bäume diese Höhe erreicht hätten, antwortete der Gärtner, es seien ungefähr neun bis zehn Jahre, wissend, daß es doppelt so lange sein würde. Ludwigs Antwort: Der Hofgärtner werde doch wohl mit sich handeln lassen.

Kurz nach der Herbstvisite des Jahres 1885 wurden die Arbeiten eingestellt, es war kein Geld mehr da. Der Nordflügel ist noch im Rohbau fertig geworden, wurde aber 1907 abgebrochen, und vom Südflügel stand nur das Fundament.

Was Historiker und Königstreue bis heute beschäftigt, ist die Tatsache, daß der bayerische König ein Schloß für eine fremde, längst tote Majestät, eine tote Staatsform bauen ließ, ohne selbst darin hofhalten

bayerischen Königs die großen Wasserspiele laufen, 50 000 Francs kostete das Vergnügen. Die Leute schauten sich den schönen König aus den bayerischen Bergen an, Kinder ahmten seinen gestelzten Schritt nach; der seltsame Gast erregte Aufsehen, Sympathie und Spott. Und einige Zeitungen fragten, ob es wirklich notwendig sei, für den melancholischen Sonderling die kostspieligen Brunnen aufzudrehen, wo doch Herr von Bismarck finanziell besser gestellt sei als das arme Frankreich.

Doch all dies wird den bayerischen Märchenkönig nicht im mindesten interessiert haben, denn Schlösser waren für ihn nur eins: «Paradiese, wo ihn kein Erdenleid erreichen» konnte. *Rita Baedeker*

Detailgetreue Kopie von Schloß Versailles: Die über hundert Meter lange Front des Schlosses Herrenchiemsee.

Wer weiß, was aus der stillen Chiemsee-Insel mit dem leerstehenden Kloster geworden wäre, hätte es in München nicht einen verknöcherten Akademiedirektor und in Frauenwörth nicht zwei so bildschöne Schwestern gegeben wie die Wirtstöchter Anna und Susanna Dumbser. So aber wuchs dem 17jährigen Münchner Malerstudenten Max Haushofer, der an einem stürmischen und regnerischen Frühsommertag des Jahres 1828 mit drei anderen Studenten im Einbaum zur Insel übersetzte, Frauenchiemsee sogleich ans Herz.

Schon Ende des 18. Jahrhunderts trieb es Münchner Künstler an den See vor der Haustür, ihre Bilder aber gehorchten den Regeln der Landschaftsmalerei der Zeit, dekorativ, künstlich, idealistisch. Berge und Kühe abzumalen galt als geistlos.

Drei Jahre nach Gründung der Münchner Akademie für Bildende Künste, im Jahr 1811, erteilte Kronprinz Ludwig I. vier Malern den Auftrag, die bayerischen Seen künstlerisch zu «erfassen». Peter von Hess sollte den Chiemsee malen (*siehe Bild*). Professor für Landschaftsmalerei war zu jener Zeit Wilhelm von Kobell. Als ihn 1824 Peter von Cornelius ablöste, ein Vertreter des klassizistischen «Nazarenerstils», brach für die Landschaftsmalerei eine böse Zeit an. Der Einfluß des neuen Direktors auf Max I. Joseph und den Prinzen war so groß, daß die Krone später die Landschaftsmalerei als Schulklasse der Akademie ganz aufhob.

Die «Verfemten» gründeten 1824 den «Münchner Kunstverein», um ihre Werke weiterhin ausstellen zu können. Und, Wunder über Wunder, Ludwig I. besuchte inkognito einmal wöchentlich die Vernissagen: Er wollte sich wohl lieber selbst ein Bild machen, und sich nicht von einem Professor sagen lassen, was Kunst sei. Zu der Zeit, als die vier Studenten in den Chiemgau zogen, reiste man mit der Pferdekutsche oder zu Fuß, und das dauerte von München aus etwa 23 Stunden.

Franz von Seitz, Maler und späterer Direktor der Hoftheater-Kostümabteilung bei Ludwig II., faßte die Faszination, die der Chiemsee auf die Maler ausübte, in der «Künstlerchronik», die das Kommen und Gehen auf der Fraueninsel von 1828 bis 1932 beschreibt, zusammen: «Komm her an diese Brust, du See; ihr Berge, blau und duftig. Bei euch will ich zuhause sein, die Stadt ist mir zu schuftig.»

In der Chronik ist alles vermerkt, was die Gäste der Insel im Herzen bewegte: der Künstlerchor, die Klagen übers Wetter, das schlechte Herrenwörther Bier.

DIE MALERKOLONIE AUF DER FRAUENINSEL

Auch erschraken sich die Stadtleute vor den Krebsen im See, fürchteten Sturm, Blitz und Donner.

Unter dem Einfluß von Carl Spitzweg und Eduard Schleich dem Älteren nahm die Landschaftsmalerei Mitte des 19. Jahrhunderts eine Wende: Die Maler arbeiten «en plein air» und nannten sich in Anlehnung an die Pariser Schule von Barbizon «Pleinaristen». Ihre Motive rückten ab vom überhöhten Dekorationsbild.

Die zweite Generation der Inselmaler kam mit Karl Raupp und Josef Wopfner, die 1869 und 1872 die Insel entdeckten, fasziniert von Wind, Wellen, Wolken und Wasser, von ärmlichen Fischern und vom Leben der Bauern. Übrigens kam auch der berühmte Wilhelm Leibl zu Besuch. Der malte dort aber nicht, sondern ging – sehr zum Entsetzen der Inselfischer – segeln.

In den zwanziger Jahren wurde die Frauenwörther Künstlergemeinschaft feierlich erneuert. Sie war nun verknüpft mit Namen wie Leo Putz und Max Slevogt. Die Kolonie bestand bis zur Machtübernahme Hitlers. 1934 malte Max Beckmann in Gstadt sein einziges Chiemseebild: «Sommertag am Chiemsee». Ein Jahr zuvor hatte man ihm die Professur entzogen und sein Werk als «entartet» gebrandmarkt. Sein Bild – Bauern beim Heumachen – gibt die friedliche Gleichmut der Landschaft wieder, zeigt aber auch die bedrohte Existenz des Künstlers.

Die Künstlerchronik der Fraueninsel in vier Bänden umfaßt die Zeit von 1828 bis 1916. Hauptchronist war Max Haushofer junior, der Sohn des «Entdeckers» also. 1932 ergänzte Franz Wolter die Chronik durch einen fünften Band; nur dieser und der vierte Band sind erhalten geblieben. Eine Zusammenfassung der «ehrwürdigen, erlesenen Chronik der Malerherberge Frauenwörth» (von Karl Raupp und Franz Wolter, Bruckmann Verlag 1918 und 1924) wird von der Priener Bibliothek im Kur- und Gästehaus wie ein Schatz gehütet.

Rita Baedeker

«Landschaft am Chiemsee» von Peter von Hess, um 1813, Staatliche Kunsthalle, Karlsruhe.

waltet nun auch die Domstiftskirche, die vom alten Chorherrenstift erhalten blieb, allerdings ist der Bau sehr mitgenommen. Ein kunsthistorischer Schatz ist der von Johann Baptist Zimmermann gestaltete Bibliothekssaal im Stiftsgebäude. Seit 1961 gibt es die «Vereinigung der Freunde von Herrenchiemsee», die sich um die Rettung der Bauten kümmert.

Noch ein Ereignis in der Inselgeschichte ist bemerkenswert, wird aber eher ein wenig versteckt: Im Obergeschoß des Ostflügels der Klosteranlage tagte vom 10. bis 23. August 1948 der Verfassungskonvent, zu dem der bayerische Ministerpräsident Hans Ehard geladen hatte. Hier wurde die Grundlage für die spätere Verfassung der Bundesrepublik Deutschland erarbeitet. Erstaunlich nur, daß auf dieses bedeutsame Ereignis eine Tafel hinweist, die so weit oben angebracht ist, daß die meisten Besucher achtlos daran vorbeigehen und sich gleich zum Schloß begeben, das eine Zeit wiederauferstehen läßt, in der Verfassungen wenig galten.

Frauenchiemsee: Ein blühender Garten

Herrenchiemsee und Frauenchiemsee – das klingt wie «männlich» und «weiblich». Wenn man beide Inseln miteinander vergleicht, dann scheint an dieser Polarisierung auch etwas Wahres zu sein. Herb und machtvoll die eine, die andere eine Insel der Blumen und Farben, des Blühens und Gestaltens (*siehe Seite 16/17*). Seien es die jahrhundertelang ansässigen Töpfer, die Benediktinerinnen, die ihren Kräutergarten nach dem Vorbild der Hildegard von Bingen pflegen und Likör brennen oder die Inselbewohner, die Fischer und Gärtner, die aus der Insel eine Sehenswürdigkeit gemacht haben. Kein Pfad, keine Balkonbrüstung und kein Stück Wiese ohne gestaltende Hand. Und jede Frau, die seelischen Beistand braucht, ist im Kloster willkommen. Schon mancher, im wahrsten Sinne des Wortes Gestrandeten, wurde im Stift geholfen.

Das Benediktinerinnenkloster in Frauenwörth gilt als eines der ältesten bestehenden Frauenklöster in Deutschland. Es wurde in der Zeit der zweiten Missionswelle gegründet, die die Apostel Emmeram, Rupert und Korbinian aus dem Frankenreich zu Beginn des 8. Jahrhunderts eingeläutet hatten. Gefördert wurden die Klostergründungen von den Herzögen Odilo und Tassilo III. aus dem Geschlecht der Agilolfinger. Eine bayerische, mit Rom verbundene Landeskirche entstand, die fränkischem Machtstreben widerstand und die Klöster stärkte. Als aber den Bischöfen der Einfluß der Klöster zu stark wurde, suchten sie doch nach Verbündeten im fränkischen Reich, also beim Feind der bayerischen Herzöge. Es kam zum Konflikt. Und schon zwanzig Jahre nach der Gründung des damaligen Kanonissen-

stiftes auf der Insel geriet es in die Hand Karls des Gro-ßen, der Tassilo in Ingelheim hatte festnehmen lassen und bis zu dessen Tod gefangenhielt. Während das bayerische Herzogtum mit diesem Handstreich dem Niedergang geweiht war, begann für Frauenchiemsee eine Blütezeit, denn die Frankenherrschaft brachte dem Kloster die gescheite und wohltätige Äbtissin Irmengard, später selig gesprochene Patronin des Chiemgaus, Karls Urenkelin und die Tochter Ludwigs des Deutschen. Sie wurde vermutlich in Regensburg geboren, ihre Mutter war die Welfenfürstin Hemma. Irmengard starb im Alter von 34 Jahren. Zeit ihres Lebens soll sie für die Armen gesorgt haben.

Wie es oft bei heiligen oder seligen Persönlichkeiten der Fall ist, macht man von ihrem langen Todesschlaf mehr Aufhebens als von ihrem kurzen Leben: Bald nach dem Jahr 1000 ließ Abt Gerhard von Seeon ihr Grab öffnen und die Gebeine herausnehmen, denn es hieß, daß sie den Nonnen wiederholt erschienen sei. Ein halbes Jahrtausend später wiederholte sich die Zeremonie: 1631 ließ die Äbtissin Magdalena Haidenpucher, auch sie eine bedeutende Nonne in der Geschichte des Klosters, Irmengard wiederum umbetten, dieses Mal setzte man die Reliquien in einem Zinksarg in der Apostelkapelle des Münsters bei. Die letzte Öffnung schließlich fand 1922 statt, sie führte 1928 zur Seligsprechung. Die Reliquien kehrten zurück in die Apostelkapelle, die fortan Irmengardkapelle hieß.

Ob sie Wunder bewirkte und gläubigen Schwestern wirklich erschien, ist nicht beweisbar, erwiesen ist jedoch, daß zur Zeit Irmengards eine große karolingische Klosteranlage gebaut wurde. Als Tochter Ludwigs des Deutschen und mit solch mächtigem Urgroßvater hatte sie offenbar die Mittel dazu. Das Stift gehörte lange zu den reichsten Klöstern in Bayern. Die Besitzungen erstreckten sich bis nach Südtirol und ins Ötztal. Im 11. Jahrhundert kam das Stift zum Erzbistum Salzburg, zweihundert Jahre später, unter den Wittelsbachern, wurden im zweiten «Erhartinger Vertrag» von 1275 die Grenzen festgelegt. Salzburg verzichtete auf den Chiemgau bis zum Inn. Frauenchiemsee kam unter die Vogtei, das heißt unter den politischen Schutz der Bayernherzöge, blieb aber kirchlich weiterhin dem Erzbistum Salzburg unterstellt. 1803 schließlich erfaßte die Säkularisation auch die Inselklöster. Das Wahrzeichen der Herreninsel verschwand, als man die Türme des Doms kappte. Aus der Kirche wurde ein Brauhaus und die Heiligenfiguren versenkte man im See, wo sie Fischern wieder ins Netz gingen. Während das Chorherrenstift für immer erlosch, durften die Nonnen weiterhin im Kloster wohnen. Als König Ludwig I. 1837 nach Frauenchiemsee kam, fand er dort zwei verzweifelte Schwestern und ein verarmtes Stift. Die Nonnen, so ist

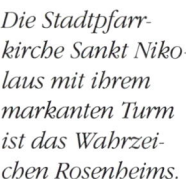

Die Stadtpfarrkirche Sankt Nikolaus mit ihrem markanten Turm ist das Wahrzeichen Rosenheims.

In Westerndorf. Südwestlich von Rosenheim – und nicht etwa in Rußland, wie man wegen des riesigen Zwiebeldachs vielleicht vermuten könnte – liegt die Rundkirche Heilig Kreuz.

Das Mittertor ist das einzige noch erhaltene Stadttor Rosenheims. Es schließt den Max-Josephs-Platz nach Norden hin ab.

Vor allem im Sommer ein beliebter Treffpunkt: Der Max-Josephs-Platz in Rosenheim. In der Mitte der Nepomuksbrunnen, dahinter links der Turm der Heilig-Geist-Kirche.

Der Vormarkt in Trostberg. Leicht geschwungen führt die Straße zur spätgotischen Stadtpfarrkirche Sankt Andreas.

Der Stadtplatz von Traunstein ist mit 250 Metern Länge und 85 Metern Breite einer der größten Plätze dieser Art in Bayern.

Die spätgotische Pfarrkirche Sankt Johannes der Täufer in Truchtlaching zählt zu den schönsten Landkirchen nördlich des Chiemsees.

es überliefert, warfen sich dem König zu Füßen und flehten ihn an, das Kloster zu retten, und sie mußten nicht lange bitten. Der Neuanfang war gesichert.

Vom Inn umschlossen: Wasserburg

Wasserburg ist das nördliche Tor zu dem rund 1500 Quadratkilometer großen Chiemgau, der zum überwiegenden Teil zum Landkreis Traunstein gehört.

Die Stadt, die so italienisch anmutet, ist malerisch in eine Innschleife gebettet, ihre Häuserzeilen erinnern an die Ufer des Arno in Florenz. Matthäus Merian (1593 bis 1650) sagte sehr zutreffend über die verborgene Schönheit Wasserburgs: «Man siehet sie nicht, bis einer darankommt». Alexej von Jawlensky hat Wasserburg 1906 für sich entdeckt und hier auch gemalt, bevor es ihn nach Murnau zog. Hans Carossa, Werner Bergengruen, Oskar Maria Graf und Eugen Roth haben die Stadt bedichtet.

Um 1137 war es, da führte die Salzstraße von Bad Reichenhall nach Augsburg genau durch diese Siedlung. 1504, nach einer Reihe von Landesherrn, die in Wasserburg den Ton angaben, verlor die Stadt aber das Salzstapelrecht an Rosenheim. Nur noch der Flußhafen, ein Umschlagplatz für Wein und Getreide, bestand weiterhin und diente München als Handels- und Kriegs(!)-Hafen. Etwas wirtschaftlichen Wohlstand brachte im 18. Jahrhundert noch einmal der Hopfenanbau. Als dann aber die Saline Rosenheim entstand, hörte der Salzhandel auf. Und nach dem Bau der Eisenbahn von München nach Salzburg wurde auch die Innschiffahrt aufgegeben. Das letzte Dampfschiff fuhr 1865.

Der «italienische» Inn-Salzach-Stil ist ein Erbe von Kaiser Maximilian I. (1459–1519), dem «letzten Ritter». Er hatte verfügt, daß in seinem Land «ynnsprugerisch und intalisch mit verbogenen Dächern gegen fewer» gebaut werden sollte. Diese Bauweise sah grabenartig verbogene Dächer vor, durch die das Wasser, das man zum Feuerlöschen benötigte, fließen konnte. Es sind die geraden, klaren Linien dieser Häuser, die sich mit vorspringenden Mauern wappnen wie kleine Burgen; es sind die Lauben und die weiten Plätze, die den Besucher im Geist nach Italien entführen.

Wer Wasserburg besucht, sollte aber auch dem Inn ein Stück weit folgen. Auf dem Uferweg gibt es einen Skulpturenpfad, der den Inn zum Thema hat: die Holzfuhr, den Müll, die Toten, die Schiffahrt. Zwar sehen die Kunstwerke inzwischen ein wenig traurig aus und scheinen keinerlei Pflege und Aufmerksamkeit mehr zu erhalten, aber so manche skurrile Sehenswürdigkeit findet sich doch darunter, beispielsweise ein Stammbaum des Flusses und einige zur Skulptur aufgetürmte Holzplanken, die an Caspar David Friedrichs Bild von der «Gescheiterten Hoffnung» erinnern.

Eingang zum Unteren Schloß in Stein an der Traun. Das Schloß ist Teil einer Burganlage, zu der unter anderem die besterhaltene Höhlenburg Deutschlands, das Felsenschloß, gehört.

Traunstein-Au. Kurfürst Maximilian I. ließ die Salinenkapelle Sankt Rupert und Maximilian 1630/31 für die Beschäftigten der Saline erbauen.

Das Tal von Reit im Winkl wird von den Chiemgauer Alpen umschlossen.

Typisch oberbaye-
risches Barock:
Die beiden Dop-
pelzwiebelhauben
der Pfarrkirche
Mariä Lichtmeß
in Niederaschau.
Rechts neben der
Kirche die Kreuz-
kapelle, die eine
bemerkenswerte
Innenausstattung
besitzt.

Es sind allerdings nicht die großen Kunstwerke, die in Wasserburg die Aufmerksamkeit fesseln. Die Stadt veranstaltet zum Beispiel einmal im Jahr einen in seiner Art in Bayern einmaligen Taubenmarkt und ist im Spätherbst Gastgeber eines überregional bekannten Kleinkunstfestivals, der «Liedfaßsäule», das Liedermacher aus ganz Europa anzieht. Wasserburg besitzt außerdem ein «Imaginäres Museum», das heißt eine Ausstellung perfekter Kopien der berühmtesten Gemälde der Welt. Das Kernhaus am Marienplatz hat eine der schönsten Rokokofassaden Süddeutschlands. Sie wurde 1738 von Johann Baptist Zimmermann geschaffen. Und ein Blick von der Innbrücke zurück auf die mittelalterliche Häuserzeile, die kleinen Fenster, die beängstigend hohen Flutmarken und das Stadttor gehört zu den schönsten Momenten des Stadtrundgangs.

Seit ein paar Jahren nun kommt Wasserburg touristisch wieder in die Schlagzeilen, besitzt ein Stapelrecht ganz neuzeitlicher Art: Wasserburg ist Station, Ausgangspunkt oder auch Tor zum großen Inntal-Radweg, der vom Oberen Engadin bis nach Passau führt. Mal radelt man durch Auwald, mal in Schleifen durch die Dörfer. Achtgeben muß man nur, daß man nicht ausgerechnet den Tag erwischt, an dem alle Gasthäuser in schöner Einmütigkeit Ruhetag haben. Fährt man von Wasserburg nach Rosenheim, führt der Weg durch Rott am Inn, wo man das Grab des ehemaligen bayerischen Ministerpräsidenten Franz Josef Strauß besuchen kann; dutzende Besucher aus ganz Deutschland wird man treffen. Die meiste Zeit allerdings ist beim Radeln nur der Inn der treue Begleiter, grau-grün, immer noch ein wenig wild, von den Bergen träumend.

Station in Rosenheim

Der ehemalige Schrannenplatz mit seinen Laubengängen, Marktständen und Cafés ist fast der einzige städtebauliche Schatz in Rosenheim, denn schwere Brände haben im Lauf der Geschichte den alten Häuserbestand der Stadt reduziert. Das heutige Rosenheim wird durch das mittlere und späte 19. Jahrhundert und die Zeit nach dem letzten Weltkrieg geprägt. Auf dem Schrannenplatz, der heute Max-Josephs-Platz heißt, trifft man entlaufene Münchner, kauflustige Salzburger und andere Zeitgenossen. Mir zum Beispiel lief einmal der schon legendäre «schöne» Konsul Weyer über den Weg, ebenso stattlich, braungebrannt, selbstbewußt und mit den Insignien des Lebemanns ausgestattet, wie man sich das aus Illustriertenberichten vorstellt.

Die Rose war es, die der Stadt den Namen gab, und sie ist schon seit Jahrhunderten ihr poetisches Wappen. Sie erinnert an die ersten Herren, die Hallgrafen von Wasserburg, die auf dem heutigen Schloßberg eine

Einer der schönsten und lebendigsten bayerischen Bräuche ist der Leonhardiritt. Vor allem auch deshalb, weil er keine aufgewärmte Touristenattraktion ist, sondern in den Dörfern und Gemeinden mit großem Stolz und Traditionsbewußtsein gepflegt wird.

Der Leonhardiritt – und auch die Leonhardifahrt – gehen zurück auf Leonhard von Limoges, der seit dem 11. Jahrhundert in Südbayern als Patron der Geisteskranken und Gefangenen, aber auch der Bauern verehrt wird.

In der Kunstgeschichte findet man ihn dargestellt mit einer Kette, einem Kälbchen oder Pferd. Zahlreiche Votivbilder und -tafeln in bayerischen Kapellen danken dem «bayerischen Herrgott» dafür, daß er Fuhrwerke, Ackergäule, Weidevieh und auch die Bauern mit Haus, Hof und Familien vor Sturm, Hunger, Feuer und anderer Unbill bewahrt oder in höchster Not gerettet hat. Bekanntester Ort der bayerischen Leonhardiverehrung ist Bad Tölz, wo die Wallfahrt seit dem Jahr 1718 gefeiert wird, aber auch im Chiemgau kennt man den Leonhardiritt in rund einem Dutzend Orten.

Im Mittelpunkt des Leonhardi-Brauchtums stehen die Umritte. Mit Blumenkränzen, Schellen, Schleifen und Immergrün geschmückte Pferde, die Mähnen und Schweife zu Zöpfen geflochten, ziehen als Gespanne oder einzeln mit Reiter um die Leonhard geweihte Kapelle. Nach diesem Umritt werden Rösser und Reiter vom Priester gesegnet. Zur feierlichen Prozession gehören auch bäuerlich-naiv bemalte, geschmückte Truhenwagen. Übliches Gebet der Wallfahrt ist: «Heiliger Leonhard, bitt für uns!»

Leonhard lebte im 6. Jahrhundert, er entstammte dem fränkischen Geschlecht der Merowinger. Bei Hofe lernte er die christliche Religion durch den Erzbischof von Reims, Remigius, kennen und war von dieser Lehre so angetan, daß er sich taufen und zum Priester weihen ließ. Als Leonhard aber erfuhr, daß der König ihn mit einem Bistum belehnen wollte, kehrte er Reims den Rücken und ließ sich als Einsiedler bei Limoges nieder. Der tugendhafte Einsiedler zog viele Leute in seinen Bann. Vor allem die Bauern der Umgebung kamen und baten um Hilfe. Allmählich entstand aus der Einsiedelei eine kleine Klostergemeinschaft. Als Leonhard einmal der Frau des Königs bei einer schweren Geburt helfen konnte, schenkte der König dem kleinen Stift etwas Land und auch einen Wald dazu. Diese Stätte nannte Leonhard «Nobilia-

ZU EHREN DES HEILIGEN LEONHARD

cum», weil sie ihm von einem edlen König geschenkt worden war («nobilis» heißt auf lateinisch edel). Kloster Noblac wurde zum Ziel frommer Pilger.

Leonhard half allen Notleidenden, vor allem hatte er ein Herz für die Gefangenen und Geisteskranken. Die befreiten Gefangenen beschäftigte er bei Rodungs- und Bauarbeiten, um sie vor einem Rückfall in ihr lasterhaftes Leben zu bewahren. Mit dieser «Resozialisierungsmaßnahme» schuf er neue bäuerliche Siedlungen, die der einheimischen Landwirtschaft zugute kamen. Hochbetagt starb Leonhard nach

einem erfüllten Leben am 6. November 559. Viele Legenden wurden um sein Leben gesponnen, vor allem im alpenländischen Raum, Legenden, die Leonhard als «Roßheiligen» preisen. Und dies ist nicht verwunderlich, wenn man bedenkt, daß das Pferd als Arbeitstier einst das größte Kapital des Bauern gewesen ist. Welch große Rolle das Pferd auch im Chiemgau heute noch spielt, kann man daran ermessen, daß es zum Beispiel in Ising ein «Pferdemuseum» gibt.

Nun ist Leonhard nicht ganz allein in der Zunft der Roßheiligen. Auch der heilige Georg, als Retter und Drachentöter hoch zu Pferd einer der Heiligen aus der oberen Etage des bayerischen Himmels, einer der vierzehn Nothelfer, gehört dazu. Offenbar besaß er auch ein mutiges Pferd, das beim Anblick eines speienden, stinkenden Drachens nicht durchging. Auf den heiligen Georg gehen Ritte in Traunstein, Stein an der Traun, Bruckmühl und Titt-

moning zurück, der bekannteste findet am Ostermontag in Traunstein statt, berühmt durch den prachtvollen Umzug und einen den Pferdesegen begleitenden Schwertertanz.

Um zehn Uhr ruft am Traunsteiner Stadtplatz ein Herold im Renaissance-Kostüm: «Hie gut allweg, alten Brauches Pfleg', nach Ettendorf wir reiten, wie zu der Väter Zeiten.» Und der Zug aus Fahnenschwingern, Trommlern, Bauern, Geistlichkeit und dem heiligen Georg folgt nach. Seit dem 15. Jahrhundert ist der Brauch bekannt.

Rita Baedeker

Zunehmend wer-
den vor allem in
Gegenden mit stei-
len Waldbängen
Pferde wieder
als Arbeitstiere
eingesetzt.
Oben: Bei der
Waldarbeit
(«Holzrücken»)
an einem Hang
in der Nähe der
Kampenwand.
Unten: Blick in
einen Pferdestall
in Pößmoos.

Die Kampenwand ist das bekannteste Massiv des Chiemgaus. Von dort aus kann das Auge über den grünen Fleckerlteppich des Voralpenlandes schweifen.

Burg bauten. Die Siedlung ist jedoch sehr viel älter. Schon im 2. Jahrhundert gab es hier eine römische Anlage, «pons aeni», eine Zoll- und Straßenstation, die zur nordsüdlichen und ostwestlichen Achse des römischen Straßennetzes gehörte.

Wenn man am Inn entlangradelt, kann man sich gar nicht mehr vorstellen, daß dieser Fluß über zweitausend Jahre lang ein vielbenutzter Transportweg war. Während die Schiffsreise flußabwärts eher leicht war, bereitete sie gegen die starke Strömung erhebliche Mühen. Eine große Zahl von Menschen, Zugtieren und anderen Hilfsmitteln war nötig, um einen Verband aus mehreren, schwer beladenen Kähnen flußaufwärts zu ziehen. Aufgrund alter Erfahrungen wurden Holzschiffe mit geringem Tiefgang, sogenannte Plätten, benutzt. Flußaufwärts wurden Getreide, Wein, Speiseöl, Tabak, Tonerde, flußabwärts Salz, Holz, Kalk, Gips, Mühlsteine, Weine und Gewürze befördert. Noch im vorigen Jahrhundert war die Schiffahrt auf dem Inn ein ertragreicher Wirtschaftszweig. Der Bau der Eisenbahnlinie allerdings führte ihren Untergang herbei.

Wer sich anschauen möchte, wie die Schiffahrt am Inn betrieben wurde, wird im Rosenheimer Innmuseum fündig. Schiffstypen und -formen, Schiffsbau, Glauben und Brauchtum der Schiffer, alles dies ist Thema der interessanten Ausstellung. Immerhin lebte im 16. Jahrhundert ein Viertel bis ein Drittel der Bevölkerung in der Region von diesem Gewerbe.

Das Museum befaßt sich auch mit der Siedlungsgeschichte, Stadtbauweise und Geologie. Anhand eines Modells wird das Bild eines mühsam bergwärts geschleppten Schiffszuges lebendig. Auch hier leistete das Pferd dem Menschen unschätzbare Dienste.

Große Bedeutung unter den bayerischen Museen hat inzwischen aber vor allem der «Lokschuppen» in Rosenheim eingenommen. Wo früher schwere Maschinen von ihren Fahrten ausruhten, sind heute aufregende Ausstellungen zu sehen, die das Rosenheimer Land als kleines Kulturzentrum Bayerns ausweisen.

Fährt man den Inntal-Radweg weiter Richtung Süden, lohnt es sich, in Neubeuern Station zu machen, das hoch über dem Inn thront, 1981 zum «schönsten Dorf Deutschlands» gekürt wurde und eine gute Kulisse für Heimatfilme abgeben könnte.

Wanderung durch das Alztal

In Seebruck, das früher «Bedaium» hieß, verläßt die Alz den Chiemsee und geht ihren eigenen Weg. 63 Kilometer windet sie sich durch einen Moränenzug gen

Norden, wässert Schilfinseln, passiert Städtchen, um-
schlingt Bootshäuser, verlangsamt vermutlich ihren
Lauf angesichts der mächtigen barocken Baumburg mit
ihren Zwiebeltürmen und der zierlichen Rokokokir-
chen, und fließt hastig an der Raubritterburg des grausa-
men Heinz von Stein vorbei.

Die gespenstische Höhlenburg, die man auch besichtigen kann, ist seit ein paar Jahren saniert. Sieben
Räume wurden einst in den 50 Meter hohen Fels ge-
trieben. Heinz von Stein soll hier im 12. Jahrhundert
gelebt, nein, gehaust, Mädchen geraubt, vergewaltigt
und Gefangene in einen tiefen Brunnen geworfen
haben. Kinder lieben es, durch die feuchten Verliese zu
streifen, in denen es muffig riecht und in denen es außer
den von der Phantasie eingegebenen Spukbildern
nicht viel zu sehen gibt. Selbstverständlich trägt die
Führung der Lust am Grauen Rechnung.

Eine Wanderung entlang der Alz ist, abgesehen von
Heinz von Stein, ein eher idyllisches und völlig unge-
fährliches Vergnügen. Wer nicht auf dem Floß von Seebruck nach Truchtlaching reisen oder durch das romantische Hölltal bis vor die Tore Altenmarkts paddeln
möchte, kann ebensogut das Fahrrad oder die eigenen
Füße benutzen. Fährleute holen Wanderer und Räder
per Seilzug sicher über den Fluß.

Rührende und romantische Erinnerungen weckt
Trostberg bei mir – welch ein Omen in diesem Namen –
mit seinem kleinen Heimatmuseum. In seinem Bieder-
meiersaal finden Hochzeiten statt, denn hier residiert
gleichzeitig das Standesamt. Während der Besichtigung
finden wir, Standesämter sollten grundsätzlich in Hei-
matmuseen tätig werden: Im Hintergrund das große
Bauernbett, der Bullerofen, Wiege und Speis', das
weckt die Ehelust sicher mehr als eine Amtsstube her-
kömmlicher Art. Im Schützensaal finden immer wieder
Konzerte statt, dasselbe Klavichord kommt dabei zum
Einsatz, auf dem schon Mozart gespielt haben soll, der ja
auch in Kloster Seeon häufiger und geliebter Gast war.

Im Alztal lebten und leben auch große Geister, unbe-
queme Widersacher der Deutsch- und Heimattümelei.
Der antifaschistische Schriftsteller Friedrich Reck-Malle-
czewen aus Ostpreußen hatte sich in das ehemalige
Haus eines Chorherren und Barockdichters zurückge-
zogen, bevor er am 24. Februar 1944 im Konzentra-
tionslager Dachau durch Genickschuß getötet wurde.
Malleczewen nannte nicht nur Hitler einen «Kleinmac-
chiavell», sondern haderte auch schon mit der um sich
greifenden Naturzerstörung: «Ich wittere um jeden
Baum und jeden Wald, der verschwindet, um jedes
stille Flußtal, das man entweiht, um jeden Flußlauf, den

diese Industriepiraten, die wahren Herren des Landes, bedrohen.» Auch Franz Xaver Kroetz, der bei Altenmarkt wohnt, befaßt sich in seinen «Chiemgauer G'schichten» mit der Bedrohung, die von der vordringenden Industrie ausgeht. Nach Hart bei Trostberg fließt die Alz dann auch direkt in den hungrigen Rachen von Kalkstickstoffwerken, Kraftwerken und Kanälen. Der Versuch, ein Naturschutzgebiet «Untere Alz» einzurichten, hat bisher nicht viel gebracht.

Berge zur schönen Aussicht

Mit durchschnittlich 1600 Metern Gipfelhöhe sind die Chiemgauer Alpen keine Riesen. Auch haben sie bisher keinen «Gletschermann» aus der Bronzezeit wie die Ötztaler Alpen ausgespuckt, um den sich Bayern und Tirol streiten könnten und an den sich hübsche, touristische Einfälle knüpfen ließen. Dennoch sind auch die Chiemgauer Alpen nicht zu unterschätzen. Wer tief drunten vom See aus den gezackten Drachenkamm der Kampenwand betrachtet, ahnt, daß sich hier kein Sonntagsspaziergangs-Gebirge erhebt. Und weckt nicht das Wort «Kampenwand» mit seinem dunklen Klang schon Respekt? Peter Donauer, Kurdirektor von Prien, kennt all die Klettersteige und empfiehlt seinen Gästen äußerste Vorsicht, realistische Selbsteinschätzung und eine solide Ausrüstung.

Mit zwölf Metern Höhe besitzt die zerklüftete Kampenwand Deutschlands höchstes Gipfelkreuz. Der ganze liebliche Chiemgau liegt dem Bergwanderer hier oben zu Füßen. Die bizarren Spitzen der Kampenwand sind aus den Algen und Korallen des ehemaligen Wettersteinkalkmeeres gebildet und entfalten ihren besonderen Zauber in den «Kaisersälen»: Doch sollten diese Felsbastionen geübten Bergsteigern vorbehalten bleiben, für die anderen Besucher gibt es genügend andere, harmlosere Bergwanderwege.

In den almenreichen Chiemgauer Alpen hat Peter Donauer in einem Sommer sogar noch eine echte Sennerin entdeckt, ein junges Mädchen aus Österreich, das, fern allen Touristenrummels, den Sommer mit dem Vieh auf der Alm verbrachte, wie es früher üblich war.

Auf dem Weg zur Kampenwand lohnt eine Pause in Aschau. Nicht nur wegen der fünf Kirchen aus drei Jahrhunderten, sondern vor allem wegen Schloß Hohenaschau und dem Prientalmuseum, das neben der lokalen Geschichte die Entwicklung der Eisenindustrie im Priental dokumentiert. Ein Teil der Mauern stammt noch aus dem 12. Jahrhundert, der Preysingsaal ist frühes italienisches Barock.

15 Minuten dauert die Fahrt mit der Seilbahn von Aschau auf die 1669 Meter hohe Kampenwand. Von dort aus sieht man bei klarem Wetter bis in den Bayeri-

Oben und Mitte: Die Kampenwand läßt sich zu Fuß in zwei bis drei Stunden ersteigen. Schneller und bequemer geht es allerdings mit der Kleinkabinenbahn von Aschau aus. Auch Kletterspezialisten können Kraft und Technik an der Kampenwand erproben.

Bei Hart. Eine etwas ausgefallene Art, den Chiemgau kennenzulernen, ist ein Flug mit dem Heißluftballon. Fahrten werden in zahlreichen Orten angeboten, und an schönen Sommertagen sieht man eine ganze Reihe von bunten Ballons gemächlich über die herrliche Landschaft schweben.

Die gute Thermik in den Chiemgauer Alpen bietet hervorragende Bedingungen für Gleitschirm- und Segelflieger. Oben: Ein Startplatz an der Kampenwand. Unten: Auf dem Flugplatz der Deutschen Alpensegelflugschule in Unterwössen.

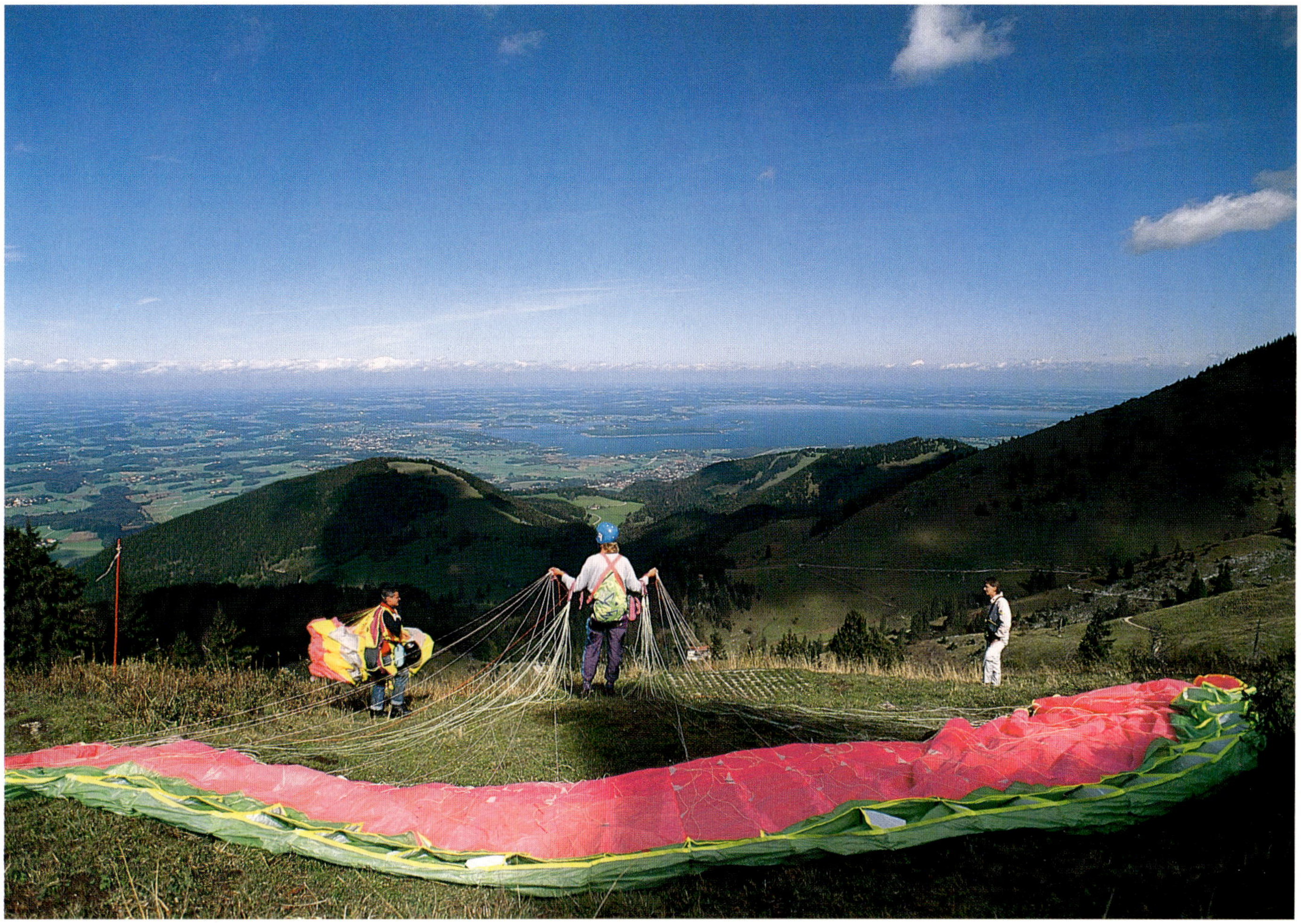

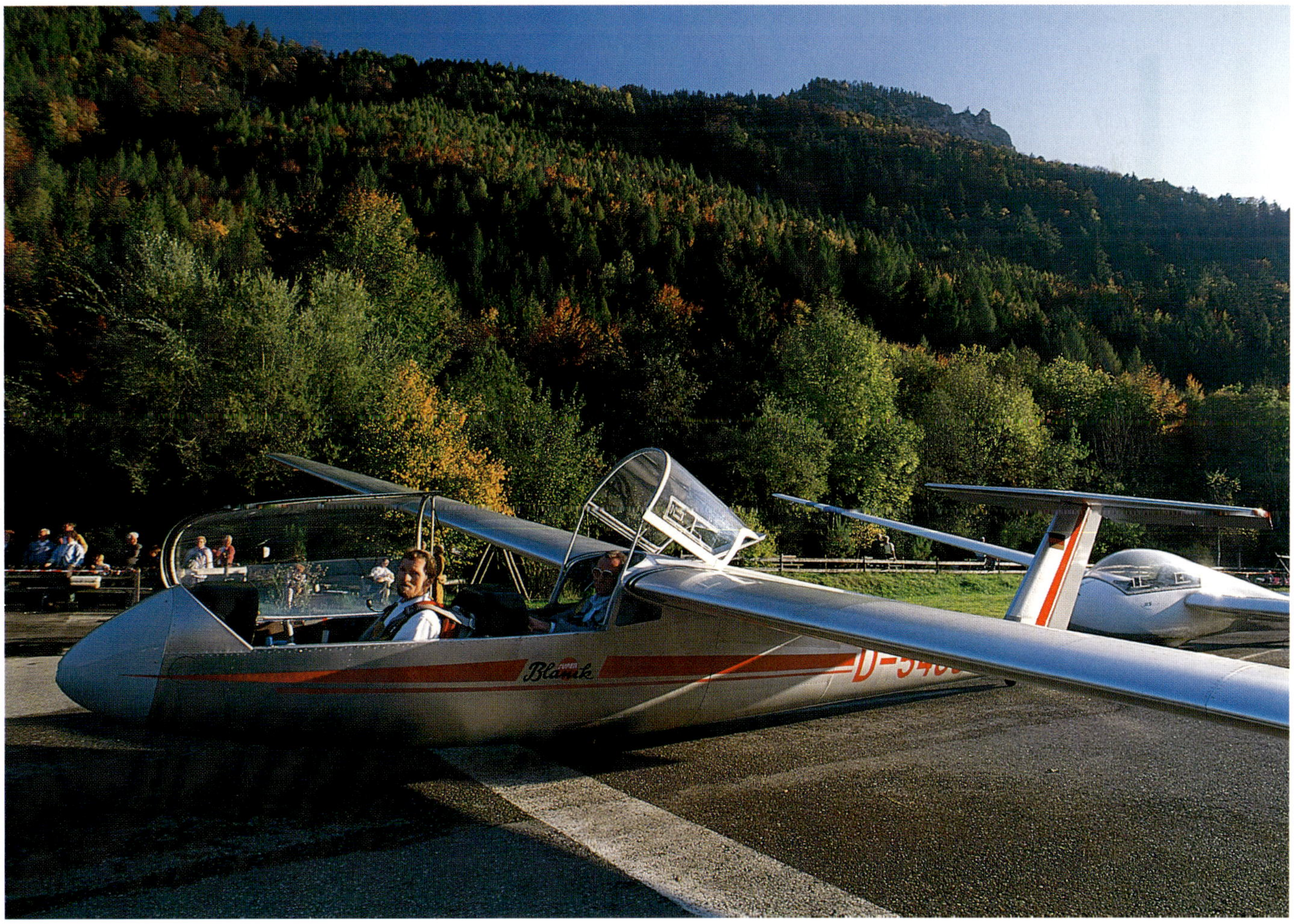

Blick vom Dürrnbachhorn über den Weitsee in die Chiemgauer Alpen.

schen Wald und, nach Süden, in die Zentralalpen. Wo sich das Priental südlich von Hohenaschau immer weiter verengt und des «Wilden Kaisers» kleiner Bruder, der «Zahme Kaiser», in Sichtweite rückt, liegt Sachrang an der Grenze zu Tirol, von wo nicht nur die Ache, sondern auch viele kulturelle Ein-Flüsse kommen. Von Sachrang aus kann man bequem zum Beispiel den 1596 Meter hohen Spitzstein erwandern und auf das Städtchen Kufstein am Inn schauen. Eine längere Tour führt zum 1808 Meter hohen Geigelstein; daß hungrige Wanderer hierzulande auf allen Wegen und Gipfeln einkehren können, ist selbstverständlich.

Die Siedlung Sachrang – deren Name auf die Besonderheit des Bodens, einen «sauren Anger», hinweist – war bis 1216 Besitz der Salzburger Erzbischöfe und gehörte ab dem 14. Jahrhundert den Herren von Hohenaschau. Der Pfarrkirche St. Michael und den Bauernhäusern sieht man an, daß die Grafen von Preysing-Hohenaschau reich waren.

Der kleine Grenzort Sachrang wurde aber vor allem durch einen Mann bekannt, der sich als Musiker, Komponist, Heilpraktiker, Künstler und eigenwilliger Zeitgenosse einen Namen machte: Zu Lebzeiten in seinem Heimatort, später, 1972, durch den Schriftsteller Carl Oskar Renner, in der Literatur – der Müllner Peter, wie man ihn heute nennt.

Peter Huber kam am 29. Juni 1766 in Sachrang als jüngstes von zehn Kindern in der Mühle zur Welt. Mit fünf zupfte er die Harfe, mit zwölf schickte man ihn nach München – er sollte Pfarrer werden. Doch von dort kehrte er sieben Jahre später in sein Dorf zurück und blieb fortan der Musik treu. Über 300 Kompositionen des Sachranger Genies besitzt die Bayerische Staatsbibliothek in ihren Archiven. Aber nicht nur die Musikwelt bereicherte er, er versuchte sich auch offenbar erfolgreich als Heiler, wurde Bürgermeister und in späten Jahren auch noch Ehemann der als Malerin begabten Nachbarstocher Maria Hell, eine Verbindung, die allerdings nicht lange hielt. Zum für damalige Zeiten unkonventionellen Haushalt gehörte auch noch ein französischer Knecht, der Grand d'Oudel hieß, aber als Thomas «Krautnudel» in die Geschichte einging. Auch der befaßte sich mit der Kunst, er malte und schnitzte; Arbeiten von ihm sind in der Sachranger Ölbergkapelle zu sehen, der einzigartigen Sehenswürdigkeit des Ortes. Am 19. August 1843 starb der Müllner Peter von Sachrang, sein 150. Todestag war Anlaß für zahlreiche Jubiläumsveranstaltungen.

Als besonderen Verdienst rechnet man dem Multitalent an, daß er die kleine, weiße, dem Verfall preisgegebene Ölbergkapelle St. Rupert in Sachrang restaurierte. Sie liegt unweit der Grenze zu Tirol am Waldrand und lacht mit ihrem Zwiebeltürmchen aus Schindeln

Die elegante Pfarrkirche Sankt Michael beherrscht den Ort Sachrang. Links vom Eingang des dortigen Friedhofs erinnert ein schlichtes Eisenkreuz an den hochmusikalischen Peter Huber (1766–1843), bekannt unter dem Namen Müllner-Peter (siehe auch Text dieser Seite).

Reit im Winkl ist idealer Ausgangspunkt für Wanderungen und Bergtouren. Auf dem Weg zur Winklmoosalm kommt man an dieser Alm bei Seegatterl vorbei.

Eine Kabinenbahn bringt die Urlauber bequem zum Gipfel des Rauschbergs. Von hier aus hat man einen wunderschönen Blick hinab nach Ruhpolding und weiter zum Chiemsee.

Ein Fischer bei Gstadt am Chiemsee, im Hintergrund die Fraueninsel.

und ihrem weißen Verputz jeden Besucher an. Der in vier Räume geteilte Innenraum der Kapelle entzückt mit Fresken im Stil barocker Volkskunst. Jedes Jahr am dritten Sonntag im September wird die Kapelle zum Mittelpunkt einer kleinen, festlichen Wallfahrt der bayerischen und tirolischen Gebirgsschützen. Dann ist es ein wenig so wie im Puppentheater: Die bemalten Läden an den Außenfenstern werden aufgeklappt, eine heitere Kanzel zur Welt öffnet sich.

Einer der schönsten Aussichtsberge des Chiemgaus ist über Ruhpolding an der Weißen Traun im Osten zu erreichen: Es ist der 1645 Meter hohe Rauschberg. Neben ihm gehören auch noch der Hochfelln (1671 Meter) und das Sonntagshorn (1961 Meter) zu den Ruh-poldinger Hausbergen.

Bevor Ruhpolding von den Pionieren der Reisever-anstalter entdeckt wurde, war es ein stilles Dorf. Seine von der Nutzung des Waldes bestimmte Vergangenheit ist im noch ziemlich jungen Holzknechtmuseum und dem dazugehörigen Museumsdorf im Ortsteil Laubau großartig dokumentiert. Die Gefahren der Waldarbeit im Steilhang, die winterliche Holzfuhr, das entbeh-rungsreiche Leben der Männer, die selten alt wurden, vermitteln anrührende Einblicke in ein Dasein lange vor dem alle gleichmachenden Tourismus.

Auch in anderen Orten machte es Sinn, die alten Bräuche und Traditionen in ein Museum zu überfüh-ren, um sie auf diese Art in Erinnerung zu halten. Das gilt vor allem für das Priener Heimatmuseum mit seinen seltenen, erlesenen Exponaten, aber auch für Marquart-stein am Fuß des Hochgern, wo Richard Strauss seine Opern «Elektra» und «Salome» komponierte und wo man ein Stickerei-Museum eröffnet hat – das einzige auf der Welt, wie es heißt.

Ruhpolding befindet sich im übrigen als touristische Hochburg in bester Gesellschaft. Die Eislaufstadt Inzell, das Städtchen Traunstein, Bad Reichenhall mit seiner Sole, den Kurpalästen und der Alten Saline liegen in unmittelbarer Nachbarschaft. Zusammen mit Reit im Winkl, dem höchstgelegenen Dorf des Chiemgaus, ist hier ein Ferienland herangewachsen, das den Freun-den des Chiemgaus und den Einheimischen mittler-weile doch ein bißchen zu voll, zu laut und zu dicht bebaut erscheint.

Reit im Winkl allerdings, wo es jetzt – dem Trend gehorchend – ein Skilehrermuseum gibt, hat keine Chance, die Schraube je wieder zurückzudrehen, denn oberhalb von Reit im Winkl liegt die Winklmoosalm, und von der Winklmoosalm stammt – jeder weiß es – Rosi Mittermaier, die Gold-Rosi, die Skikönigin.

Auch im Herbst und Winter fahren die Chiemsee-Fischer hinaus auf den See. Die alten romantischen Fischerkähne mit ihren knarrenden Holzplanken sind schon längst durch moderne Aluminiumboote ersetzt worden.

ALLGEMEINE INFORMATIONEN

LAGE UND GRÖSSE. Der Chiemgau gehört vorwiegend zum Landkreis Traunstein. Die Städte Rosenheim im Westen, Wasserburg im Norden und Bad Reichenhall im Südosten kann man als Eingangstore zum Chiemgau bezeichnen. Die östliche Grenze bildet der Waginger See, das Salzburger bzw. Tiroler Land begrenzen den Chiemgau im Süden.

ENTSTEHUNG. Die Kalkalpen als südliche Begrenzung des Landes zwischen Inn und Salzach sind über 100 Millionen Jahre alt. Zu Urzeiten befand sich hier das Tethys-

Fesch in Dirndl und Lederhosen: Schuhplattler bei einem Fest in Ruhpolding-Laubau.

Meer, das durch Erdkrustenbewegungen in der Kreidezeit verschwand; durch ungeheure Spannungen riß die Erdoberfläche auf und faltete sich zu einem Gebirge. In der letzten Eiszeit, der Würmeiszeit vor zwei Millionen Jahren, schoben sich gewaltige Gletscher ins Vorland hinaus und schürften Täler oder lagerten Schuttberge ab. Vor etwa 10 000 Jahren schmolz der

große Inn-Chiemsee-Gletscher, auf den die Moränenlandschaft im Chiemgauer Voralpenland zurückgeht, und füllte mit seinem Schmelzwasser ein Becken, zehnmal so groß war wie der heutige Chiemsee.

KLIMA. Das Klima im Chiemgau gilt als besonders milde. Da die Temperaturschwankungen zwischen Tag und Nacht aber relativ hoch sind, kann man in den Alpen und in den Voralpen von einem Reizklima mit starken Auswirkungen auf den Organismus sprechen. Im Alpenraum ist das Wetter zwischen Mitte August und Mitte Oktober am beständigsten und besonders gut geeignet für Touren. Der Föhn, ein warmer Südwind, bewirkt eine klare Aussicht, wird aber nicht von jedem gut vertragen.

LANDSCHAFTLICHE GLIEDERUNG. Die Chiemgauer Alpen gehören zu den Kalkvoralpen, denen sich im Süden die mächtigeren Nördlichen Kalkalpen, vor allem das Kaisergebirge, anschließen. Im Norden grenzen sie unmittelbar an das recht flache Vorland. Der Chiemgau ist eine wunderbare Erholungslandschaft, denn über ein Fünftel, 300 Quadratkilometer, sind Natur- und Landschaftsschutzgebiet: Die Chiemgauer Alpen (9500 ha), die Moore zwischen Bernau und Bergen, das Achendelta, die Kendlmühlfilze, die Eggstätt-Hemhofer Seen und die Seeoner Seen, das Chiemseeufer, zum Teil das Alztal, der Simssee. Neben dem Chiemsee und dem Waginger See prägen Salzach und Inn Chiemgau und Rupertiwinkel.

TOURISMUS. Ein wesentlicher Wirtschaftsfaktor der traditionellen Ferienregion ist der Tourismus. Allein im Landkreis Traunstein – dem Herzen des Chiemgaus – wurden in der Winter- und Sommersaison 1991/92 knapp 800 000 Gäste und etwa 6,3 Millionen Übernachtungen gezählt.

AUSKUNFT

Fast jeder Ort hat in dieser traditionsreichen Urlaubslandschaft ein eigenes Fremdenverkehrsamt oder ein Gemeindeamt, das Auskunft gibt.

Zentrale Informationsstelle für Urlauber ist der Fremdenverkehrsverband München-Oberbayern e. V., Sonnenstr. 10, 80331 München, Tel.: 089/59 73 47.

Daneben bestehen übergeordnete Fremdenverkehrsverbände:

Verkehrsverband Chiemgau e. V., Ludwig-Thoma-Str. 2, 83276 Traunstein, Tel.: 0861/58 33.

Verkehrsverband Chiemsee e. V., Alte Rathausstr. 11, 83209 Prien am Chiemsee, Tel.: 08051/22 80 oder 69 05-35.

Fremdenverkehrsverband Rupertiwinkel, Bahnhofstr. 2, 83395 Freilassing, Tel.: 08654/23 12 oder 20 84.

ÜBERNACHTEN

Übernachtungsmöglichkeiten finden sich in jeder Qualität und Preislage. Kuranstalten mit Bädern, Massagen und therapeutischem Angebot gibt es in großer Zahl in Bad Endorf, in Aschau, Bernau, Chieming, Inzell, Prien, Ruhpolding, Rimsting, Seebruck, Siegsdorf, Übersee-Feldwies, Unterwössen und Waging. Groß ist das Angebot an Tennis- und Golfhotels, rustikalen und eleganten Reiterhöfen, aber auch an Ferienwohnungen. Für Familien gibt es die Möglichkeit von Ferien auf dem Bauernhof. Campingplätze finden sich vor allem am Chiemsee und am Waginger See. Jugendherbergen gibt es in Bad Endorf, Bergen, Prien, Sachrang und Traunstein. Auskünfte erteilen alle Fremdenverkehrs- und Gemeindeämter. (→ *Auskunft*)

SCHIFFE UND BAHNEN

Die *Chiemsee-Dampfschiffahrt* begann in der Mitte des 19. Jahrhunderts. Jahrtausende zuvor war das alleinige Fahrzeug auf dem Chiemsee der Einbaum. Der Linienverkehr zu den Inseln und über den See wird heute ab Gstadt und Prien am Chiem-

CHIEMGAU

N

0   5 km

Kloster
Kirche
Schloß
Hütte
Seilbahn
Fähre
Moor

see betrieben. Natürlich kann man auch selbst zu den Inseln segeln oder rudern. Allerdings ziehen Unwetter oft sehr viel schneller als erwartet auf, weshalb man unbedingt die Signale der Sturmwarnung beachten sollte.

Neben der Kleinbahn *Aschauer Bockerl*, das Niederaschau mit Prien verbindet, gibt es seit 1887 auf der 1,9 Kilometer langen Strecke vom Bahnhof Prien zum Chiem-

seehafen Stock die inzwischen denkmalgeschützte *Chiemseebahn* – die älteste noch verkehrende Dampftrambahn der Welt. Der Bau der Lokalbahn hing mit der Baulust König Ludwigs II. zusammen. Prinzregent Luitpold von Bayern hatte kurz nach dem Tode des Märchenkönigs das Neue Schloß auf der Herreninsel zur Besichtigung freigegeben, womit die Chiemseeschiffahrt großen Auftrieb be-

kam. Schon im ersten Jahr wurden über 71 000 Personen transportiert – heute fahren auf dem nostalgischen Verkehrsmittel mehr als 120 000 Touristen im Jahr. In den Chiemgauer Alpen befördern zahlreiche *Bergbahnen* den Touristen. Von Aschau aus führt eine Kleinkabinenbahn auf die Kampenwand, von Bergen geht es per Bergbahn auf den Hochfelln. Ebenfalls durch Kabinenbahnen oder Sessellifte erschlossen sind die Hochries (von Grainbach), der Rauschberg und der Unternberg (Ruhpolding), der Geigelstein (Schleching), der Walmberg (Reit im Winkl) und das Dürrnbachhorn (Winklmoosalm).

SPORT

Viele Verkehrsämter bieten geführte Wander-, Berg- und Radtouren an (→ *Auskunft*). Hier liegen auch Wanderkarten für den Individualisten bereit: Empfehlenswert sind etwa die «große Chiemsee-Rundtour» (60 km) mit Besuch der Inseln, «Hin

weg), rund um den Chiemsee oder auch durch die Eggstätt-Hemhofer Seenplatte. Es gibt sehr gute Sportmöglichkeiten, um sich den Chiemsee und den Waginger See auf dem Wasserweg zu erschließen: mehrere *Windsurfschulen* (Bernau, Chieming, Gstadt, Prien, Seebruck, Übersee-Feldwies, Waging), *Segelschulen* (Frauenchiemsee, Gstadt, Prien, Seebruck, Waging) sowie eine *Tauchzentrale* in Gstadt. *Wildwasserfahren* kann man in Schleching, für *Tennis* und *Squash* gibt es zahlreiche Anlagen. Für den *Wintersport* eignen sich vor allem die Orte des «Wintersport-Dreiecks» mit

Schlicht und praktisch eingerichtet: Eine Wohnstube im Bauernhausmuseum in Amerang.

und zurück zur Salzach» (48 km) im Rupertiwinkel mit Tittmoning oder die alpinere Tour «Im Tal der drei Seen» (49 km) zwischen Ruhpolding und Reit im Winkl. Beim Verkehrsverband Chiemgau ist das Wanderbücherl «In 14 Tagen durch den Chiemgau» (→ *Auskunft*) erhältlich: Eine achttägige *Wandertour*, von der Leistungsgemeinschaft Chiemgau-Wirte auch als Pauschale «Wandern ohne Gepäck» angeboten, führt von Bergen aus um den Chiemsee und über Reit im Winkl und Ruhpolding zurück. Eine Salinenwanderkarte erschließt die Zeugnisse aus der Zeit der Salzgewinnung zwischen Watzmann und Chiemsee. Das Radwegenetz, das jährlich ausgebaut wird und einheitlich beschildert ist, umfaßt derzeit etwa 1100 Kilometer abseits der Autostraßen. Beim Verkehrsverband Chiemgau (→ *Auskunft*) sind drei regional eingeteilte Radwanderkarten erhältlich. Besonders schöne Radtouren führen entlang des Inns von den Bergen bis nach Wasserburg (Inntal-Rad-

kilometerlangen Langlaufloipen, geräumten Wanderwegen und vielen Liften: Inzell (Kunsteisbahn), Reit im Winkl (Höhenskigebiet Winklmoos-Steinplatte, Natureisplatz, Rodelbahn), Ruhpolding (Großkabinenseilbahn auf den Rauschberg, Kunsteissporthalle). Die 30 Kilometer lange Chiemgau-Marathon-Loipe verbindet diese drei Orte und führt streckenweise durch eines der reizvollsten Naturschutzgebiete des Chiemgaus.

Auch für ausgefallenere Sportwünsche besitzt der Chiemgau beste Infrastruktur: Man kann *Drachenfliegen* (Drachenflugschulen in Ruhpolding und Übersee), *Gleitschirmfliegen* (Gleitschirmschulen in Aschau, Ruhpolding und Unterwössen), *Segelfliegen* (Grabenstätt, Kienberg, Unterwössen), *Ballonfahren* (Bad Endorf, Bernau, Chieming, Seebruck, Traunstein, Prien, Vachendorf), es gibt *Golfanlagen* (Amerang, Chieming, Prien, Reit im Winkl, Ruhpolding, Waging), zahlreiche *Reiterhöfe* und *Polo* (Poloclub Gut Ising).

SEHENSWERTE ORTE VON A BIS Z

Ziffern im Kreis verweisen auf die Karte auf Seite 49, kursive Ziffern auf Abbildungen.

In **AMERANG** ① befindet sich das *Bauernhausmuseum* des Bezirks Oberbayern mit originalgetreu wiederaufgebauten Gebäuden aus dem ostbayerischen Raum zwischen Chiemsee, Inn und Salzach. *Schloß Amerang* auf einer Anhöhe südlich des Dorfes, 1072 erstmals urkundlich erwähnt, wurde 1497 bis 1600 von Nachkommen der Scaliger aus Verona bewohnt. Das durch die Zeit um 1550 geprägte Schloß besitzt einen trapezförmigen, laubengeschmückten Renaissance-Arkadenhof, der während der Sommermonate für Konzerte genutzt wird. Die *Automobilsammlung Ernst Freiberger* (EFA) zeigt zahlreiche Fahrzeuge deutscher Hersteller.
Ausflüge: Die gotisch ausgemalte Filialkirche Sankt Peter in *Meilham* und Sankt Nikolaus in *Höslwang* mit Frührokoko-Stuck um 1735 sind wegen ihrer idyllischen Lage besuchenswert.

BAD ENDORF ② ist ein staatlich anerkanntes Heilbad – eine der stärksten Jod-Thermalsole-Quellen Europas – und wird bei Erkrankungen des Bewegungsapparates, Augenleiden, Herz- und Kreislaufbeschwerden aufgesucht.
Ausflüge: Eggstätt-Hemhofer Seen und Simssee (→ *Seen*). Sehenswerte Landkirchen sind in *Mauerkirchen*, *Antwort*, *Hirnsberg*, *Söllhuben* und *Greimharting*.

BAUMBURG ③. Das ehemalige Augustinerchorherrenstift in beherrschender Lage bei Altenmarkt über der Alz wurde Anfang des 11. Jahrhunderts gegründet. Aus der Romanik sind noch die Türme mit originellen barocken Kuppelhelmen erhalten, ansonsten ist die Kirche Sankt Margaretha ein Neubau der Rokokozeit anläßlich der 600-Jahr-Feier der Stiftskirche 1756. Der Baumeister Franz Alois Mayr errichtete eine hohe und helle Wandpfeilerkirche; die farbenfrohen Deckenfresken des böhmischen Hofmalers Felix Anton Scheffler (1755–1757) schildern die Entstehungsgeschichte der Kirche und das Leben des heiligen Augustinus und seines Ordens. *Schutzumschlag-Rückseite, oben Mitte*
Ausflüge: Das Dorf *Stein* an der Traun wird von einer Anlage aus drei Burgen beherrscht. Die Felsen- oder *Höhlenburg* ist mit der oberen Burg auf dem Gipfel des

BAYERISCHE SCHMANKERLN

Die bayerische Küche zeichnet sich vor allem durch herzhafte, deftige *Hauptgerichte* aus. Nach der Kartoffel-, Griesnockerl- oder Leberknödelsuppe empfiehlt sich der gängige Schweinsbraten mit Semmel- oder Kartoffelknödel oder eine Schweins- oder Kalbshaxe, ebenfalls mit Knödel. Als Spezialität vom Rind werden Tellerfleisch oder Tafelspitz (gekochtes Rindfleisch) mit Meerrettich sowie Rindsbraten angeboten.

Typisch für die bayerische Küche sind weiterhin Innereien, wie zum Beispiel Saures Lüngerl, Saure Leber, Nieren, Bries, Hirn, Milzwurst, Herz usw. Eine deftige Spezialität ist die Schlachtschüssel mit Leberknödel, Leber- und Blutwurst sowie Kartoffelpüree und Sauerkraut als Beilagen. Im Chiemgau mit seinen vielen Gewässern sind natürlich auch Fische wie die Renke, der Aal, frisch oder geräuchert, eine Spezialität. Am beliebtesten ist die «Gebratene Renke». Bisweilen gibt es auch «Steckerlfisch», am Rost bereitete frische Makrelen oder Renken.

Für den kleineren Hunger bietet sich ein reichhaltiges Angebot an Würsten und Wurstsorten, zum Beispiel die Gelbwurst (Hirnwurst) und die Wollwurstl. Allen voran ist hier die berühmte Weißwurst zu nennen, bestehend aus Kalbsbrat, Speck, Petersilie und Gewürzen. Dazu gibt es süßen Senf, Semmeln oder Brezen. Ein «echter» Bayer ißt die Weißwurst nur vor dem Zwölfuhrläuten. Mit gleicher Beilage wird der Leberkäs, bestehend aus einem gut gewürzten Gemisch passierter Fleischsorten (aber ohne Leber!) gegessen. Besonders gut schmeckt die *Brotzeit* natürlich im Biergarten unter mächtigen Kastanien: schwarzer und weißer Preßsack, Tellersulz (Sülze), Geräuchertes, Wammerl (fetter durchwachsener Schweinebauch), Wurstsalat (aus der Regensburger Wurst mit Zwiebelringen), Radi (weißer Rettich) und Radieserl bis hin zu reichhaltigem Käseangebot. Ein «Obatzta» wird aus Camembert, Butter, Zwiebeln, Salz, Pfeffer und Paprika hergestellt. Gelegentlich wird dem streichfähigen Käse auch Topfen (= Quark) oder Sahne zugegeben. Hauptgetränk, das zu allen genannten Gerichten wohl auch am besten paßt, ist das bayerische *Bier*. Weltberühmte Großbrauereien (zum Beispiel Löwenbräu, Hacker-Pschorr, Paulaner, Augustiner und Spaten), aber auch viele regionale Brauereien produzieren Helles und Dunkles (Stammwürzgehalt: 11–12 Prozent), Märzenbier (Stammwürzgehalt: 13–14 Prozent), Weißbier (hier wird zur Herstellung Weizen statt Gerste verwendet; es enthält viel Kohlensäure und hat einen leichten Hefegeschmack) und zu besonderen Gelegenheiten auch das gehaltvolle Bockbier (Stammwürzgehalt: 18 bis 19 Prozent). Ein «gut gepflegtes» Bier wird noch heute frisch aus dem Holzfaß gezapft. Bei den *Süß-* und *Nachspeisen* stellt man eine enge Verwandtschaft zwischen der bayerischen und der österreichischen Küche fest. Hier wie dort findet man Pfannkuchen, meist mit Apfelkompott oder Preiselbeeren und – als Variante – den Kaiserschmarrn (mit Rosinen). Apfelkücherl (Apfelscheiben in heißem Fett ausgebacken), Rohrnudeln (Hefegebäck), Ausgezogene (Schmalzgebäck), Reiberdatschi (Kartoffelpuffer) mit Apfelmus, Zwetschgendatschi oder Topfen- und Apfelstrudel können ebenso als Alternative zu den für manchen Geschmack vielleicht allzu deftigen bayerischen «Schmankerln» verzehrt werden.

An gemütlichen *Gasthöfen* und *Biergärten* ist im Chiemgau kein Mangel. Neben der gutbürgerlichen bayerischen Küche finden sich auch verfeinerte Genüsse: Im «Kurhausstüberl» in Waging am See verwöhnt der Ein-Sterne-Koch Alfons Schuhbeck seine Gäste. Die Freude am Essen verbindet sich mit dem Genuß von Landschaft und Kunst am besten in den Klostergasthöfen wie etwa in Maria Eck über Siegsdorf oder in Klosterseeon. Aber nicht nur in den Klöstern läßt sich gepflegt speisen, zu empfehlen sind zum Beispiel auch der «Inselwirt» und der Gasthof «Zur Linde» auf der Fraueninsel oder der «Goldene Pflug» in Ising. Einen Besuch lohnen auch die Gasthöfe «Residenz Heinz Winkler» in Aschau und «Schmelz» in Inzell.　　*Marie-Louise Schmeer-Sturm*

Bevor man sich auf den Fußweg zum Schloß Herrenchiemsee macht, stärkt man sich am besten im Biergarten am Alten Schloß.

48 Meter hohen Felsmassivs und dem unteren Schloß, heute Landschulheim, über einen unterirdischen Gang verbunden. Die Höhlenburg wurde vom Strauchritter Rapoto II. bewohnt, der 1192 das Kloster Baumburg zerstörte. Sein Schwiegersohn, bekannt als «Heinz von Stein», ist die volkstümlichste Gestalt unter den Chiemgauer Rittern. Er wurde in einem 1782 erschienenen Theaterstück verewigt, das alle zwei Jahre im Juli in den Burgfestspielen zur Aufführung gebracht wird. *29*

FRAUENINSEL ④. Auf der stimmungsvollen Insel, die man per Schiff am besten von Prien oder Gstadt aus erreicht, liegt die

Hoch über dem Priental erhebt sich majestätisch das Schloß Hohenaschau.

Benediktinerinnenklosterkirche Mariä Opferung (Frauenwörth), welche der Überlieferung nach von Herzog Tassilo III. in der zweiten Hälfte des 8. Jahrhunderts gegründet wurde und heute als eines der ältesten, praktisch ununterbrochen bestehenden Frauenklöster in ganz Deutschland gilt. Die Kernmauern der Klosterkirche stammen spätestens aus dem 11., West- und Ostpartie wurden im 12. Jahrhundert hinzugefügt. In spätgotischer Zeit wurden Stern- und Netzrippengewölbe eingebaut, wodurch die romanischen Fresken (um 1130) – erst 1961 wiederentdeckt – verborgen wurden. Als originalgetreue Kopien sind sie in der aus karolingischer Zeit stammenden *Torhalle* zu sehen. Hier befindet sich auch die Sankt-Michael-Kapelle mit frühmittelalterlichen Wandmalereien (um 860/65). Im überwiegend barock

ausgestatteten basilikalen Innenraum der Klosterkirche sind der rechteckige Chorumgang (vor 1140), der Gedenkstein der seligen Irmengard (1476), der goldgefaßte Hochaltar (1694) und die spätgotische, barockisierte Irmengardkapelle sehenswert. Die selige Irmengard (832–866) war die wichtigste Stifterin des Klosters (*siehe auch Seite 16/17 und Seite 24*). *8, 9, 11, 18, 19*

GRASSAU ⑤. Die *Pfarrkirche Mariä Himmelfahrt* besteht aus einer dreischiffigen Staffelhalle, deren bauliche Gestaltung vor allem durch die Spätgotik bestimmt wird. Die Ausstattung der Kirche – neben einem wieder freigelegten großen spätmittelalterlichen Freskenzyklus aus dem frühen 15. Jahrhundert – wird insbesondere durch die barocke Dekoration aus den Jahren 1706/07 dominiert.

Museen: Das *Soleleitungs- und Moormuseum «Klaushäusl»* dokumentiert die Technikgeschichte des Salinenwesens; in Grassau/Rottau ist als Industriedenkmal der 1920 erbaute *Torfbahnhof* am Rand des Naturschutzgebietes Kendlmühlfilzen sehenswert.

Ausflüge: Über *Staudach-Egerndach* am Fuße des Hochgern (1745 m) mit schönen Bauernhöfen und der Kirche Sankt Andreas (Freskenreste um 1510, spätgotische und frühbarocke Schnitzfiguren) gelangt man nach *Marquartstein* im Achtal, eine der ältesten Sommerfrischen des südlichen Chiemgaus. Neben der spätgotischen Burg (Privatbesitz) und der Villa «De Ahna», in

der Richard Strauss 1894 bis 1908 einige wichtige Werke komponierte, gibt es einen Märchen- und Wildpark. Beliebte Touren führen in Richtung Hochgern zum Wildeck und zur Schnappenkirche (etwa 3 1/2 Stunden). Auf dem Richard-Strauss-Höhenweg wandert man nach *Unterwössen* (1 Stunde), ab *Oberwössen* nach *Hinterwössen* mit dem Taubensee (1136 m) oder zu den Rechberg-Almen. Durch seine stimmungsvolle Lage über den umliegenden, geschützten Mooren, mit Blick auf die Berge und den Chiemsee, ist *Westerbuchberg* ein lohnendes Ausflugsziel. Die romanische Kirche Sankt Peter und Paul besitzt eine beachtliche gotische Freskenausstattung, insbesondere den gemalten Nothelferaltar. Das Exter-Kunsthaus in einem fast 500 Jahre alten Bauernhaus in *Übersee* dient heute als Galerie und Museum.

HERRENINSEL ⑥. Die über 200 Hektar große Insel, von Prien aus mit dem Schiff erreichbar, wird vor allem wegen des unvollendeten *Neuen Schlosses* viel besucht. König Ludwig II. ließ es durch den Architekten Georg Dollmann von 1878 bis 1885 in Anlehnung an Schloß Versailles errichten. Von dem geplanten dreiflügeligen Schloßbau steht heute nur der hufeisenförmige Mitteltrakt. Das Innere mit zweiläufiger Prunktreppe, der fast über die ganze Breite reichenden Spiegelgalerie, dem nie benützten Paradeschlafzimmer und dem Speisezimmer mit Tischlein-deck-dich erinnert wie das *König-Ludwig-II.-Museum* im Erdgeschoß an das Leben dieses «Märchenkönigs». Schloß Herrenchiemsee spiegelt die Verehrung wider, die Ludwig II. dem französischen Sonnenkönig Ludwig XIV., dem französischen Absolutismus und dem Schloß Versailles entgegenbrachte. – Die dreigeschossigen Konventsgebäude (17. Jahrhundert) des *Alten Schlosses* dienten ehemals als Kloster. Es wurde durch Herzog Tassilo III. gegründet und 765 erstmals erwähnt. Bis zu den Ungarneinfällen war es Benediktinerkloster, ab 1130 bis zur Säkularisation 1803 Augustinerchorherren-Stift und von 1215 bis 1803 Residenz des Bistums Chiemsee. 1948 tagte hier ein Verfassungskonvent, der den Entwurf zum Grundgesetz der Bundesrepublik Deutschland ausarbeitete. – Ein herrliches Landschaftserlebnis bietet eine etwa zweistündige *Rundwanderung* am Ufer der autofreien Insel mit ihrem prächtigen alten Baumbestand entlang (*siehe auch Seite 20/21*). *23*

SCHLOSS HOHENASCHAU ⑦, das als eine der schönsten und besterhaltenen Burgen Deutschlands gilt und um 1165 gegründet wurde, befindet sich auf einem frei abfallenden Höhenrücken und sperrt quer das Prientalbecken. Lange Jahre im Besitz der Familie Preysing gehört es heute der Bundesrepublik Deutschland. Von der mittelalterlichen Burg, in der sich heute das *Prientalmuseum* befindet, haben sich der Bergfried, die Ringmauer, das Mauerwerk der Kapelle und Teile der Umfassungsmauern erhalten. Der Hauptbau wurde im Renaissance- und Barockstil erweitert, als die Preysing auf Hohenaschau 1644 in den Grafenstand erhoben wurden.

Ausflüge: Die ehemalige Wallfahrtskirche Heiligkreuz in *Höhenberg* besitzt zwei spätgotische Flügelaltäre (1510/20). Die 1669 Meter hohe *Kampenwand* (*36, 37, 38, 39*) kann man mittels einer Bergbahn oder nach gut zweistündiger Wanderung erreichen. Die Pfarrkirche Sankt Michael im Bergdorf *Sachrang* (*42*) nahe der Grenze zu Österreich entstand ab 1687 nach Plänen Graubündener Meister. Sie ist in ihrer saalartigen Weite und mit ihren üppigen Stukkaturen ein Beispiel für die noch italienisch geprägte Phase des frühen Barock. Im Ort ist auch das Anwesen des Lokalgenies, dessen Leben Carl Oskar Renner 1972 in seinem Roman «Der Müllner-Peter von Sachrang» verewigte, zu sehen. Die Ölbergkapelle ist jährlich am dritten Septembersonntag Ziel einer gemeinsamen Wallfahrt von Bayern und Tirolern. Auf österreichischer Seite liegt der *Wildpark Wildbichl*. Sachrang ist Ausgangsort für Bergwanderungen auf den Spitzstein (1596 m) und Geigelstein (1813 m).

LAUFEN ⑧ liegt im sogenannten *Rupertiwinkel*, zu dem auch *Teisendorf*, → *Traunstein* und der *Waginger See* (→ *Seen*) gehören. Die Gegend trägt ihren Namen nach dem Patron des Salzburger Landes, das den Rupertiwinkel lange Zeit nachhaltig beeinflußte. Laufen, in wunderschöner halbinselartiger Lage umflossen von der Salzach, dem Grenzfluß zu Österreich, war wohl schon zur Römerzeit ein wichtiger Stapelplatz der Saline Reichenhall. Die Saalach nämlich, welche in die Salzach mündet, war ab Reichenhall, die Salzach ab Hallein schiffbar. Das Salz konnte somit schon an den Produktionsorten auf Schiffe verladen werden. Wegen einer gefährlichen Stromschnelle mußten die Salzschiffe in der Gegend des heutigen Laufen

entladen werden, wodurch sich an diesem Umschlag- und Stapelplatz eine Schiffersiedlung, eine Salzbörse und ein hervorragender Handelsplatz entwickelten. Der *Marienplatz* weist schöne Gebäude des Inn-Salzach-Typus auf, das besterhaltene Patrizierhaus ist das *Paulihaus*. In der um 1350 vollendeten *Stiftskirche Mariä Himmelfahrt*, der ältesten gotischen Hallenkirche im altbayerischen und Salzburger Raum, kann man im Arkadengang um die Kirche die Entwicklung der Grabsteinplastik von der Gotik bis zum Barock studieren. – Alle zwei Jahre findet auf der Salzach eine nachgestellte Piratenschlacht mit Flußfeuer und Musik statt.

Neubeuern mit seinem hübschen Marktplatz wird vom Schloß überragt.

Ausflug: Sankt Johann in *Fridolfing* hoch über der Salzachebene, ein einheitlicher spätgotischer Raum, besitzt beachtliche Reste des gotischen Flügelaltars (um 1500).

NEUBEUERN ⑨. Der Burgflecken erlangte 1335 Marktrechte und umgab sich bald darauf mit einer Befestigung, die im 16. Jahrhundert erneuert wurde. Von ihr sind noch die beiden, später veränderten Tore des inneren Marktplatzes erhalten. Vor der Innregulierung war hier einer der geeignetsten Anlegeplätze. Nach Bränden im 19. Jahrhundert wurden zahlreiche Häuser mit ansprechenden, farbigen Fassaden nach Plänen von Gabriel von Seidl in romantischer «Heimatbauweise» wieder hergestellt. Neubeuern war Kulisse vieler Heimatfilme. Mit seiner geschlossenen Erscheinung, dem *Schloß* auf einem frei-

stehenden Nagelfluhfelsen oberhalb des Marktplatzes (heute Internat) und reichem Blumenschmuck gilt Neubeuern als eines der schönsten Dörfer Südostbayerns. Es liegt am Inntal-Radweg und ist Ausgangspunkt geführter «Schnapswanderungen» zu den Obstbauern.

Ausflüge: In *Altenbeuern* ist der Hochaltar (1652/55) der Heilig-Dreifaltigkeits-Kirche mit Schnitzfiguren aus dem gotischen Vorgängeraltar (um 1500) mit einer seltenen Dreifaltigkeitsdarstellung in Form von drei gleichen, nebeneinandersitzenden, jugendlichen, bärtigen Männern beachtenswert. Die Pfarrkirche Sankt Jakobus der Ältere in *Rohrdorf* besitzt einen wunderschönen Rokoko-Hochaltar mit einer Skulptur des thronenden Kirchenpatrons vom Meister von Rabenden (1510) aus dem Hochaltar der Vorgängerkirche. Bäuerliches Museum im «Achentaler Heimathaus». Über *Törwang* (Lüftlmalereien), die herrliche Berglandschaft von *Samerberg* und *Roßholzen* mit gotischer Kirche und kostbaren Resten der zeitgleichen Ausstattung, unter anderen zwei Relieffiguren des Meisters von Rabenden, gelangt man nach *Nußdorf* mit der idyllisch gelegenen kleinen Barockwallfahrtskirche Mariä Heimsuchung in Kirchwald (Wolfgang Dientzenhofer, 1719/20).

PRIEN ⑩, der größte Ort am Chiemsee, bedeutender Kneippkurort und wichtiges Fremdenverkehrszentrum, 1180 erstmals urkundlich erwähnt, entwickelte sich bei einer alten Brücke am Unterlauf der Prien, die ein Zufluß des Chiemsees ist. In der *Pfarrkirche Mariä Himmelfahrt*, einem großen spätbarocken Kirchenbau (1735 bis 1748), sind die Stukkaturen und das Langhausfresko des bekannten Künstlers Johann Baptist Zimmermann (1680 bis 1758) sehenswert. *13*

Museen: Das in einem Bauernhaus aus dem Jahr 1837 lebensnah präsentierte *Heimatmuseum* zeigt Bauernstuben, Einbäume und eine Dokumentation zu dem für die Bevölkerung früher sehr wichtigen Erwerbszweig der Fischerei. In der *Galerie im Alten Rathaus* sind Werke von Chiemseemalern des 19. und 20. Jahrhunderts zu sehen.

Ausflüge: In der romanischen Landkirche Sankt Jakobus in *Urschalling* zwischen Bernau und Prien befinden sich romanische Fresken (Sündenfall, 12. Jahrhundert) und einer der besterhaltenen Freskenzyklen des ausgehenden 14. Jahrhunderts im oberbayerischen Raum. *Schloß Wildenwart*, seit 1859 im Besitz der Wittelsbacher, diente dem letzten bayerischen König Ludwig III. nach seiner Flucht im November 1918 für mehrere Monate als Aufenthalt. Am Berghang mit Gebirgsblick liegt die gotische Wallfahrtskirche *Sankt Florian* (um 1500) mit spätgotischem Flügelaltar.

In **REISACH** am Inn ⑪, nahe der bayerisch-tirolerischen Grenze bei Niederaudorf, ist die *Klosterkirche der Karmeliten*, 1737 bis 1739 nach Plänen von Ignaz Gunetzrhainer geschaffen, mit ihren farbenfreudigen Reliefaltären (1747–1757), die zu den schönsten Werken von Johann Baptist Straub gehören, sehenswert.

Ausflüge: Ab *Flintsbach* am Inn – übrigens Sitz des 1675 gegründeten Komödienstadls – führt ein steiler Wanderweg in etwa einer Stunde zur *Peterskirche* (1139), 378 Meter über dem Inntal auf einem Bergmassiv. Aus der Romanik sind noch das gestufte Portal, ein Petrusrelief an der Fassade und ein Kruzifixus erhalten.

Eine weitere Gehstunde entfernt liegen Deutschlands höchstgelegene, ständig bewirtschaftete Bauernhöfe auf einem Vorberg des Hohen Asten. *Oberaudorf* und *Niederaudorf* bilden ein klassisches Sommer- und Wintersportgebiet.

Museen: *Heimatmuseum* im 500jährigen Burgtor (Ortsgeschichte) sowie Galerie der *Sammlung Berthold-Sames* (Plastiken, Zeichnungen) in Oberaudorf.

Oben: Sankt Jakobus in Urschalling ist wegen seiner mittelalterlichen Fresken bekannt.
Rechts: Die Streichenkapelle bei Schleching.

REIT IM WINKL ⑫**,** der südlichste und höchstgelegene Ort des Chiemgaus, besitzt ein riesiges Skigebiet mit der Winklmoosalm (1160–1900 m), Scheibelberg, Möseralm und Steinplatte (auf der österreichischen Seite). Im Sommer ist es Ausgangspunkt für interessante Bergwanderungen: Fellhorn, Dürrnbachhorn, Panoramawege vom Walmberg (Walmberg-Sesselbahn 1061 m) mit Blick auf das Kaisergebirge und der Peterhofrundweg nach Kössen laden zum Wandern ein. *30/31, 42*

Museen: Heimatmuseum «Hausenhäusl», *Spielzeugmuseum.*

Ausflüge: Ein besonderes Juwel spätgotischer Kunst unweit der Landesgrenze zwischen Bayern und Tirol ist die auf einem Felsgrat, dem sogenannten *Streichen,* liegende Kapelle Sankt Servatius. Schon im Mittelalter war sie ein beliebtes Wallfahrtsziel. Das heutige Langhaus wurde Ende des 13. oder Anfang des 14. Jahrhunderts erneuert oder vergrößert, Mitte des 15. Jahrhunderts kamen der Chor und die Sakristei dazu. Wertvollstes Ausstattungsstück ist der kleine Kastenaltar aus dem frühen 15. Jahrhundert mit einer Holzskulptur des Kirchenpatrons (um 1400). In *Schleching* sind der Friedhof um die barocke Kirche Sankt Remigius mit kunstvoll geformten barocken Grabkreuzen, in *Raiten* eine Hammerschmiede (1697) mit Wasserradantrieb und zwei schweren Eisenhämmern zu besichtigen.

ROSENHEIM ⑬ ist ein beliebtes Ferienziel inmitten des Inn-Chiemsee-Hügellandes. Bereits in der Römerzeit lag eine Siedlung nahe der Kreuzung der beiden Römerstraßen Augsburg–Salzburg und Regensburg–Brenner, bei einer Brücke über dem Inn und einem Militärlager. Die eigentliche Ortsgründung fand im frühen 13. Jahrhundert durch die Hallgrafen von Wasserburg statt. Sie errichteten zum Schutz der neu erbauten Innbrücke eine im 18. Jahrhundert abgerissene Burg. Seinen Namen erhielt Rosenheim wahrscheinlich wegen der drei Rosen im Wappen des Konrad von Wasserburg. Durch Marktrecht (1328), Anschüttrecht für Getreide (1478)

und Stapelrecht für Salz (1504) blühte der Ort zu einem regen Handelsplatz auf. Einen zweiten wirtschaftlichen Aufschwung brachte das Handelsgut Salz im frühen 19. Jahrhundert: 1809/10 wurde die Soleleitung Berchtesgaden–Reichenhall–Traunstein bis nach Rosenheim weitergeführt, denn hier befanden sich noch die für die Versiedung der Sole so notwendigen Brennstoffvorkommen wie Holz und Torf. Nach dem Bau der Saline und der Errichtung der Eisenbahnlinie München–Salzburg entwickelte sich Rosenheim zum Wirtschaftszentrum des ganzen Inntals. *26, 27*

Sehenswürdigkeiten: Das typische Stadtzentrum mit meist vierstöckigen, in Inn-Salzach-Bauweise errichteten, schmalen Häusern mit waagerechtem Fassadenabschluß besitzt besuchenswerte Kirchen: die gotische Stadtpfarrkirche *Sankt Nikolaus* mit

DER OBSTWANDERWEG

Im milden Klima des Chiemgaus gedeihen viele Obstsorten: Äpfel, Birnen, Kirschen, Zwetschgen, Reineclauden. Lange Zeit aber hatten die Bauern der Region nur Viehzucht und Weidewirtschaft im Sinn. Heute erinnern sie sich, angespornt von Garten- und Landschaftspflegern, wieder daran, daß Deutschland ein Früchteparadies sein kann: 2500 Obstsorten gibt es; viele davon sind vom Aussterben bedroht.

Im Landkreis Rosenheim und in der Gemeinde Bad Feilnbach haben sich deshalb im Rahmen eines Streuobstförderungsprogramms 85 Prozent der Landwirte zur Erhaltung der bäuerlichen Obstwiesen verpflichtet. Sie gründeten eine Arbeitsgruppe mit dem Ziel, die lokal verbreiteten Sorten zu erfassen und durch Veredeln auf Jungbäume zu erhalten.

Und um auch Urlaubern die Schönheit einer gesunden und reichhaltigen Obstkultur nahezubringen, wurde im Herbst 1993 der «Obst- und Kulturwanderweg Ratzinger Höhe» angelegt. Auf einer Länge von rund 15 Kilometern sollen nach und nach 300 alte Sorten gepflanzt und dokumentiert werden.

Der bäuerliche Obstgarten dient gleich mehreren Zwecken: als Eingrünung von Hof und Dorf, als Nebenerwerb für den Landwirt (Most, Apfelkompott), als Lebensraum für Tiere und Pflanzen und als Attraktion für die Feriengäste.

Und dafür, daß die Besucher nicht bloß Zweige, Blüten und Früchte, sondern auch Fresken, Zwiebeltürme, kostbaren Stuck und Altäre besichtigen können, sorgt die jahrhundertealte sakrale Baukunst im Chiemgau.

Auch der Bequemlichkeit kommt dieser Wanderweg entgegen: Von 540 Metern bei Prien steigt der Weg auf gerade mal 690 Meter an. Das ist als gemütlicher Herbstspaziergang, in jeweils zweieinhalb Stunden – es gibt eine südliche und eine nördliche Schleife von neun bzw. acht Kilometern – für jeden leicht zu bewerkstelligen.

Die Wanderung beginnt in der um 1158 gegründeten Marktgemeinde Prien und führt zunächst ins Chiemgauer «Weinbaugebiet». Es ist kein Scherz: 1985 wurde der Weinberg mit Hilfe des fränkischen Winzervereins Randersacker auf einem Hügel angelegt, der den alten Flurnamen «Weingarten» trägt und der belegt, daß hier bis ins Mittelalter von den Mönchen von Herrenchiemsee Wein angebaut wurde: Gesindewein war es freilich, edle Tropfen gedeihen im Voralpenland nicht.

Aber Peter Donauer, Kurdirektor von Prien, kann nun Jahr für Jahr mit seinen Leuten eine stolze Ernte von bis zu hundert Litern einfahren.

Eine «Straße der Kirschbäume» liegt zwischen Krinning und Greimharting, wo ein alter Kirchenweg an einem Moränenhügel entlangführt. Der trockene Standort und die luftige Lage lassen hoffen, daß hier zwanzig verschiedene Kirschsorten gedeihen werden. Greimharting ist übrigens auch für seinen besonders schönen Leonhardiritt (*siehe auch Seite 34*) im November bekannt.

Seltene Obstsorten, zum Beispiel «germanische Mispeln», Maulbeere und Speierling («Baum des Jahres» 1993), wurden in Osterhofen gepflanzt.

In einigen Gemeinden stehen in den Bauerngärten auch große, alte Birnbäume, manche Sorten eignen sich hervorragend zum Schnapsbrennen, andere zum Mosten und zum Kletzen-Darren (also zum Dörren fürs traditionelle Kletzenbrot). Eine Schnapsbrennerei gibt es übrigens in Wensing, einen leckeren Kräuterlikör in Ulperting. Und überall Kapellen, Bildstöcke, malerische Bauernhöfe: Mit dem Obstwanderweg wurde einer der schönsten Wege durch den Chiemgau geschaffen. *Rita Baedeker*

Links: Obstbäume sind für die Bauern ein Nebenerwerb, Wanderer erfreuen sie mit farbenfrohen Früchten. – Unten: Erste Station des Obstwanderwegs ist der Weinberg bei Prien.

ihrem im Stadtbild dominanten barocken Turm und die *Heilig-Geist-Kirche* mit wertvollen spätgotischen Wandmalereien in den beiden Kapellen. Nördlich der Altstadt befindet sich die kleine *Loreto-Kapelle*, am südlichen Stadtrand steht die Pfarr- und Wallfahrtskirche *Heilig Blut am Wasen* mit einer beeindruckenden spätgotischen Schnitzgruppe der Heiligen Dreifaltigkeit als Gnadenstuhl, eine Arbeit des Meisters von Rabenden um 1520.

Museen: *Heimatmuseum im Mittertor*, *Innmuseum* (wasser- und schiffahrtstechnische Sammlung), *Holztechnisches Museum*, Sonderausstellungen im «Lokschuppen» und in der *Städtischen Galerie*.

Hinter den weißen Mauern von Schloß Ising ist heute ein Landschulheim untergebracht.

Ausflüge: Ein bedeutender barocker Zentralbau ist die nach Plänen Constantin Paders 1668 errichtete Kirche Heiligkreuz in *Westerndorf am Wasen*. In der wegen des Leonhardiritts bekannten Kirche in *Lippertskirchen* hat der Rokoko-Bildhauer Joseph Götsch Werke hinterlassen.

ROTT am Inn ⑭. Die ehemalige Benediktinerabteikirche Sankt Marinus und Anianus, bekannt auch wegen ihrer sommerlichen Kirchenkonzerte, gilt durch die Zusammenarbeit von drei Hauptkünstlern des bayerischen Rokoko als ein Gesamtkunstwerk von höchstem Rang. Die auf einen Gründungsbau (1081–1086) zurückgehende Kirche wurde als gänzlicher Neubau unter Leitung des berühmten Architekten Johann Michael Fischer 1759 bis 1763 erstellt. Sie ist mit einer hervorragen-

den, 1767 vollendeten Ausstattung versehen, zu der hochangesehene Künstler aus Wessobrunn (Franz Xaver Feichtmayr, Jakob Rauch: Stukkaturen), München (Ignaz Günther: Skulpturen) und Augsburg (Matthäus Günther: Fresken) herangezogen wurden. Der Figurenzyklus Ignaz Günthers gilt mit Weyarn als des Künstlers größtes Ensemble.

Ausflüge: Auf der rechten Seite des Inns liegt die ehemalige Benediktinerabteikirche *Attel* (Barockbau 1713–1715) mit dem Hochgrab des Hallgrafen Engelbrecht von Limburg und seiner Frau Mathilde (Wolfgang Leb, 1509), der 1137 das Kloster neu begründet hatte. Die Klosterkirche Sankt Peter und Paul in *Altenhohenau* weist Deckenfresken von Matthäus Günther und Altäre (um 1767) des bedeutenden bayerischen Rokoko-Bildhauers Ignaz Günther auf. Die spätgotische Pfarrkirche Sankt Emmeram in *Vogtareuth* ist durch die gelungene Barockisierung mit Akanthus-Stuck von Jakob Mayr und die originellen Rokoko-Altäre von Josef Götsch sehenswert. Im nahegelegenen *Straßkirchen* sollte man in der kleinen, ebenfalls gotischen und barockisierten Kirche Sankt Georg den ausladenden, geschweiften und mit reichen Stukkaturen geschmückten Chorbogen, die Rokoko-Kanzel (1749) und die Gemälde an der Emporenbrüstung (Ende 17. Jahrhundert) betrachten. Ein kleines Juwel ist auch die spätgotische Kirche Sankt Bartholomäus in *Guntersberg* (Wandmalereien).

RUHPOLDING ⑮, einer der bedeutendsten Fremdenverkehrsorte Oberbayerns, ist ein geeigneter Standort für Wanderungen und Alpin-Skifahrten. Die Rauschbergbahn (1645 m), die Unternberg-Sesselbahn (1450 m) und Lifte auf die Winklmoos-Steinplatte (1700 m), erschließen die Berge der Umgebung. Besonders schöne Wege führen in gut drei Stunden zu den drei Bergseen Weit-, Mitter- und Lödensee oder zur Raffner-Alm an der Unternbergbahn. Für Langläufer bieten sich Loipen im Naturschutzgebiet «Drei-Seen» zwischen Ruhpolding und Reit im Winkl.

Ab der zweiten Hälfte des 13. Jahrhunderts hielten die bayerischen Herzöge hier jährlich Jagden ab und errichteten 1535 ein Jagdschlößchen. Als 1619 die Saline in → *Traunstein* errichtet wurde, teilte ihr Herzog (später Kurfürst) Maximilian die hiesigen Waldgebiete zu. Arbeitsplätze ergaben sich auch durch den im 16. und 17. Jahrhundert blühenden Bergbau am Rauschberg und Unternberg. *33, 48*

Sehenswürdigkeiten: Mit ihrem ummauerten Bergfriedhof, der Rokoko-Architektur des Münchner Hofbaumeisters Johann Gunetzrhainer (1738–1757), einer wertvollen romanischen Madonna (um 1200) und der hervorragenden Rokoko-Kanzel ist die Ruhpoldinger Pfarrkirche *Sankt Georg* eine der sehenswertesten bayerischen Landkirchen. In der Filialkirche *Sankt Valentin* in Zell, einem romanischen Bauwerk mit gotischem Chor (um 1450), sind gotische Fresken und Skulpturen erhalten. Ein Familienerlebnis sind der *Märchen- und Familienpark* Ruhpolding, der *Städte-Miniatur-Park* und, in den Wintermonaten, die Wildschaufütterungen.

Museen: *Glockenschmiede* (historische Hammerschmiede von 1646), *Schnauferlstall* (Motorräder), *Holzknechtmuseum* (Freilichtmuseum in Laubau), *Museum für bäuerliche und sakrale Kunst* (großartige Sammlung von Meßgewändern). Das *Bartholomäus-Schmucker-Heimathaus* im vormaligen herzoglich-bayerischen Jagdschloß (vollendet 1585) besitzt eine der vollständigsten Sammlungen alpenländischer Volkskunst und Volkskunde zum bäuerlichen Leben, Wohnen und Arbeiten. Auch der letzte bayerische Bär, der 1835 erschossen wurde, ist hier zu sehen.

Ausflüge: Die barocke Wallfahrtskirche *Maria Eck* auf dem Vorberg des Hochfelln mit einem byzantinischen Muttergottesbild und einem Gnadenbild in Anlehnung an das berühmte Innsbrucker Maria-Hilf-

Bild, gehörte bis zur Säkularisation 1803 zum Kloster Seeon. *Inzell* im Tal der Roten Traun ist ein beliebter Luftkurort und Wintersportplatz. Inzell entwickelte sich seit Anfang des 16. Jahrhunderts durch den Bergbau, der Mitte des 19. Jahrhunderts eingestellt wurde. Die Pfarrkirche Sankt Michael besitzt einen Gnadenstuhl (um 1730). *Sankt Nikolaus im Oberland*, eine gotische Kirche am Fuße des Inzeller Staufen, birgt gotische Skulpturen im Hochaltar, Glasgemälde und ein Vorhängekreuz in Form eines Lebensbaumes. Der *Gletschergarten* zwischen Inzell und Weißbach dokumentiert die Arbeit der Eiszeitgletscher. Die Maximilianshütte, einst bedeutendes Eisenwerk am Fuße des Hochfelln in *Bergen*, ist heute Industriedenkmal. Durch die Adelholzener Primusquelle bekannt ist *Bad Adelholzen*. Am öffentlich zugänglichen Quellaustritt kann man sich Wasser abfüllen. Das alte Kurhaus aus dem 19. Jahrhundert zeugt von der Tradition als Kurort.

SEEBRUCK ⑯ geht auf das römische Bedaium an der Straße von Augsburg nach Salzburg zurück und entstand um 50 n. Chr. als Verkehrsknotenpunkt zwischen Inn und Salzach um eine Alzbrücke. An die fast 500jährige Römerherrschaft im Chiemgau erinnern in Seebruck heute Reste des *spätrömischen Kastells*, neue *Ausgrabungen* und das *Römermuseum*.
Ausflüge: Die mit hervorragenden Rokokostukkaturen ausgestattete Kuratie- und Wallfahrtskirche *Ising* am Chiemsee geht auf die Spätgotik (Mitte 14. Jahrhundert) zurück. Im *Schloß Ising* befindet sich heute ein Landschulheim, im «Alten Herrenhaus» eine Ausstellung von religiösen Kunstwerken, im Gut ein *Pferdemuseum*.

SEEON ⑰ ist einer der am stimmungsvollsten gelegenen Orte des Chiemgaus. Auf einer Insel im Klostersee, die durch einen Holzsteg mit dem Ufer verbunden ist, liegt die ehemalige *Benediktinerklosterkirche Sankt Lambert*. Die um 1200 geweihte Klosterkirche geht auf eine Lambertszelle des 10. Jahrhunderts zurück. Anfang des 15. Jahrhunderts wurde sie vom Burghausener Meister Konrad Pürkhel im gotischen Stil umgebaut. Die in ihren Grundmauern romanischen Türme erhielten ihre «welschen Hauben» nach einem großen Brand im Jahr 1561, wohl nach dem Vorbild des Turmes von Frauenchiemsee. Der Innenraum ist beherrscht von Fresken

des ausgehenden 16. Jahrhunderts, die sich in das kleinteilige gotische Netzrippengewölbe einfügen. Die berühmte «Seeoner Madonna» (um 1430) wurde im neugotischen Hochaltar durch eine Kopie ersetzt. Das Original ist im Bayerischen Nationalmuseum in München zu sehen. Die Klostergebäude wurden in der Barockzeit (1653–1670) errichtet.
Die russisch-orthodoxen Grabkreuze im *Friedhof* bei *Sankt Walburgis* erinnern an Mitglieder der Familie Leuchtenberg-Romanow, welche nach der Russischen Revolution im Jahr 1917 hierher flüchteten. Neuerdings ist Kloster Seeon Sitz eines Kultur- und Bildungszentrums. *25*

Oben: Der Stadtplatz von Tittmoning ist ein typisches Beispiel des Inn-Salzach-Baustils (s. S. 29) – Rechts: Traunstein. Das alte Wohnhaus Marienstock im Salinenviertel.

Museen: Neben dem *Oldtimermuseum* im Hotel Schanzenberg kann man in der *Herz'schen Heimatstiftung Hilgerhof* in Niederbrunn bei Pittenhart eine originelle Sammlung alten bäuerlichen Hausrates und alter Arbeitsgeräte sehen.
Ausflüge: In der spätgotischen dreischiffigen Hallenkirche Sankt Laurentius in *Obing* sind Skulpturen des Meisters von Rabenden (um 1520) bemerkenswert, während die schlichte Kirche Sankt Jakobus der Ältere in *Rabenden*, 1458 geweiht, den berühmten Hochaltar desselben Meisters (vor 1515) birgt. Die farbig gefaßten, zum Teil vergoldeten Schreinfiguren – der Kirchenpatron Jakobus der Ältere mit dem Apostel Simeon und Juda Thaddäus – und die aufwendig gemalten Tafelbilder an

den Flügelinnenseiten waren früher nur an besonderen Festtagen zu sehen. Auch der nördliche Seitenaltar ist aus derselben Zeit und trug dazu bei, daß diese Kirche ein Kleinod bayerischer Spätgotik wurde. Aus dem Mittelalter stammt auch die kleine Kirche *Sankt Wolfgang* mit einer spätgotischen Steingut-Pietà.

TITTMONING ⑱ wurde 1234 von Erzbischof Eberhard II. von Salzburg als Befestigung gegen die Bayern errichtet. Damals wurde die mittelalterliche Stadtanlage Tittmonings geplant und realisiert und acht Jahre später der Ort als «Stadt» genannt. 1275 wurden im Vertrag von Erharting die Grenzen zwischen Bayern und Salzburg festgelegt und eine Salzniederlage errichtet. Der Salztransport auf der Salzach ging von Laufen über Tittmoning und Burghausen nach Passau, aber auch flußaufwärts nach Donauwörth und Regensburg. Als touristische Besonderheit werden heute im Sommer zwischen Tittmoning und

Burghausen Plättenfahrten auf Nachbildungen der mittelalterlichen «platten» Salzkähne durchgeführt.
Sehenswürdigkeiten: Tittmoning gilt als eines der wenigen unverfälschten Beispiele des altbayerischen Innstadttyps. Die ausgezeichnete Stadtanlage, weitgehend nach einer Brandkatastrophe 1571 entstanden, gruppiert sich um den riesigen trapezförmigen *Stadtplatz* mit dem *Laufener* und dem *Burghauser Tor*. Das seit dem 16. Jahrhundert als Handelsherrenhaus nachgewiesene *ehemalige Wägnersche*

Haus sowie das *Khuenburg-Haus* und das *Rathaus* zeigen den Inn-Salzach-Stil besonders deutlich. Die – neben der spätgotischen *Sankt-Laurentius-Kirche* – den Ort beherrschende *Burg* geht auf die Befestigung von 1234 zurück. Im Jahr 1614 wurde sie durch Erzbischof Marcus Sitticus zu einem Jagdschloß umgebaut und entwickelte sich zu einem beliebten Sommersitz der Salzburger Fürsterzbischöfe. 1810 wurden Stadt und Land Salzburg bayerisch; durch den Vertrag von München (1816) blieb der Rupertiwinkel endgültig bei Bayern und das Land Salzburg kam zu Österreich.

Museen: Das *Heimatmuseum* in der Burg birgt eine bedeutende Sammlung von Grabkreuzen, alten Handwerksgeräten und Schützenscheiben.

Salzstapel- und Handelsort Bedeutung und ist seit dem 14. Jahrhundert als Salzniederlage beurkundet. *28, 29, 57*

Sehenswürdigkeiten: Der frühbarocke Zentralbau der *Salinenkapelle Sankt Rupert in der Au* (1630, Wolf König) in der Nähe des ehemaligen Salinenwerks, das 1619 bis 1912 in Betrieb war, erinnert daran, daß sich in der «Au» ein frühindustrielles Zentrum entwickelte: Als in Reichenhall eine neue ausgiebige Salzquelle entdeckt wurde, ließ Herzog Maximilian I. durch Hans Reiffenstuel eine 32 Kilometer lange Soleleitung von Reichenhall hierherleiten und ein großes Sudwerk errichten, da es hier noch genügend Brennvorräte gab. Verschiedene Brände (1371, 1704, 1851) zerstörten jeweils fast die ganze Altstadt, die dadurch ihr altertümliches Aussehen

zum Eisenmuseum im 400 Jahre alten Werkswirtshaus des Stahlwerks Annahütte-*Hammerau*. Südwestlich Traunsteins sind das Römermuseum Multerer in *Grabenstätt*, im Norden *Schloß Pertenstein*, ein Törringsches Wasserschloß, sowie die spätgotische Kirche in *Sondermoning* mit einem qualitätvollen Flügelaltar 1485/90 sehenswert. Landkirchen mit interessanter Ausstattung und Aussicht liegen in *Ettendorf* und *Vachendorf*.

Der Ortsname von **TROSTBERG** ⑳ leitet sich von einer Burg her, die im 12. Jahrhundert durch die Grafen von Ortenburg-Kraiburg erbaut wurde. In ihrem Schutze siedelten sich immer mehr Menschen an, wovon das Augustinerchorherrenstift → *Baumburg*, dessen weltliche Vogtei die

Links: Ins Mittelalter versetzt fühlt sich der Betrachter bei diesem Blick auf Wasserburg. – Rechts: Abendstimmung am Hofstätter See.

Ausflüge: Die Kirche der ehemaligen Zisterziensergründung (1186) in *Raitenhaslach* wurde großartig barockisiert und mit einer prunkvollen Rokokoausstattung und Fresken von Johannes Zick geschmückt. *Marienberg*, hoch über dem Salzachtal, als Zentralbau in Form eines griechischen Kreuzes in den Jahren 1760 bis 1764 von Franz Alois Mayr errichtet, trägt ein Kuppelfresko von Martin Heigl.

TRAUNSTEIN ⑲. Der Ortsname bezieht sich auf den Fluß Traun, an dessen linkem Ufer der älteste Teil der heutigen Stadt liegt. An der Römerstraße von Augsburg nach Salzburg gelegen, später an der Reichenhaller Salzstraße, die hier die Traun überschritt, entwickelte sich der Ort früh zum wirtschaftlichen und kulturellen Mittelpunkt des Chiemgaus, gewann bald als

verlor. Die Pfarrkirche *Sankt Oswald* (Kaspar Zuccalli 1675–1690, Chor nach Plänen Lorenzo Sciascas 1694–1696) ist mit ihrem mächtigen Wandpfeilerraum eine bedeutende Schöpfung der frühbarocken Kirchenbaukunst.

Museen: *Städtische Galerie* mit Kunst vor allem des 20. Jahrhunderts. Im massiven *Brothausturm* am ehemaligen Oberen Inneren Tor, der als einziger die Brände überstand, und im daran angebauten ehemaligen Zieglergasthof, einem der ältesten Bürgerhäuser, ist heute das *Heimatmuseum* untergebracht.

Ausflüge: Über *Teisendorf/Achthal* mit dem Bergbaumuseum im ehemaligen Verwaltungsgebäude der Eisengewerkschaft und *Siegsdorf/Hammer* mit dem bemalten Wastlbauernhof, dessen reichhaltiges Inventar man besichtigen kann, gelangt man

Grafen innehatten, durch Straßenzölle und Brückenzoll von der Alzbrücke profitierte. Ab etwa 1220 fing man an, zwischen dem neuen Markt «Trostperg» und dem «Alten Markt» unterhalb des Klosters zu unterscheiden. Die Wittelsbacher wurden 1248 Vögte von Baumburg und kauften den Stiftsherren 1251 die Siedlung ab, die in der Folgezeit durch die herzogliche Gunst nachdrücklich gefördert wurde, da die Burg als Grenzfeste gegenüber dem Salzburger Territorium Bedeutung hatte: Vom 13. bis Anfang des 19. Jahrhunderts war die Alz Grenze zwischen Bayern und dem Erzstift Salzburg. Seit der Landesteilung von 1255 gehörte Trostberg zu Niederbayern, seit 1505 nach dem Landshuter Erbfolgekrieg wieder zu Oberbayern – kirchlich jedoch war es seit seiner Gründung Teil des Salzburger Bistums. *28*

Sehenswürdigkeiten sind das alte *Stadtbild* mit seinen durchweg giebelseitigen Häusern am linken westlichen Ufer der Alz, zum Teil mit dem für Innstädte typischen Grabendach und charakteristischen hölzernen Balkonen auf den Rückseiten, die Pfarrkirche *Sankt Andreas* als einziges noch erhaltenes Beispiel einer spätgotischen Hallenkirche im Chiemgau und das *Städtische Heimatmuseum*.

Ausflüge: Ein Kleinod der Gotik ist die 1435 erbaute ehemalige Wallfahrtskirche *Heiligkreuz*. Die zweischiffige Hallenkirche ist mit reichen Sterngewölben, spätgotischen Fresken, einem Vesperbild aus der ersten Hälfte des 15. Jahrhunderts vom Typ der «schönen Madonna» und kunstvoll geschmiedeten Türbeschlägen an der Eingangstüre (um 1434) ausgestattet. Der Innenraum der gotischen ehemaligen Wallfahrtskirche in *Feichten* wurde 1763 durch den Trostberger Franz Alois Mayr in Zusammenarbeit mit dem Maler Franz Josef Soll vollkommen umgebaut und in schönstes Rokoko verwandelt; die gleichen Künstler arbeiteten auch in dem kreuzförmigen Zentralbau von Sankt Veit in *Kirchweidach* zusammen.

WASSERBURG ㉑, ehemals Handels- und Kriegshafen von München mit Schiffahrtsverbindungen bis in den Balkan, liegt malerisch in einer Innschleife, so daß es fast völlig vom Inn umflossen wird. Ihre mittelalterliche Struktur mit Arkadengängen, Erkern und Treppengiebeln ist bestens erhalten. 1248 kam sie aus dem Besitz der Grafen von Limburg und Hall an Bayern und wurde durch die Lage an einem der wichtigsten Innübergänge zu einem reichen Warenumschlagplatz, insbesondere für Salz, Getreide und Rotmarmor.

Sehenswürdigkeiten: In der Stadtpfarrkirche *Sankt Jakob*, einer gotischen Hallenkirche aus dem 15. Jahrhundert, ist eine meisterhaft geschnitzte Kanzel der Gebrüder Zürn von 1638 zu bewundern. Im zweigliedrigen *Rathaus* mit Brothaus und Kornschranne (1457–1459) befindet sich der sehenswerte Rathaussaal und die Ratsstube (Ausstattung 1564). Das mit prachtvollen Rokokostukkaturen geschmückte *Kernhaus*, das als schönstes Patrizierhaus des Inn-Salzach-Stils bezeichnet wird, sowie die farbenfrohen, aufs Mittelalter zurückgehenden Bürgerhäuser mit Arkaden im Erdgeschoß, flachen Treppengiebeln und innstädtischen Vorschußmauern zeugen noch heute von der Blüte der Stadt.

Museen: *Heimathaus* mit einer der reichhaltigsten und wertvollsten kommunalen Sammlungen Oberbayerns zu Volkskunde, Geschichte, Kultur und Kunst; *Erstes Imaginäres Museum* im Heilig-Geist-Spital – originalgetreue Kopien von Bildern verschiedenster Provenienz und Technik der Sammlung Günter Dietz; *Feuerwehrmuseum* im Gerätehaus; *Wegmachermuseum*.

SEEN

CHIEMSEE ㉒. *Zu den Inseln im und den Ortschaften um den Chiemsee → Sehenswerte Orte von A bis Z.*
Das «bayerische Meer» ist mit einer Fläche von 84 Quadratkilometern (18 km lang, 14 km breit und bis zu 73 m tief) der größte See Oberbayerns. – In der nacheiszeitlichen Urzeit lag der Spiegel des Sees etwa 100 Meter höher als jetzt und die Wasser fluteten zusammen mit jenen der Traun und des Inns zu Füßen der Chiemgauer Alpen. Die Ache mündete damals schon beim heutigen Marquartstein in den Chiemsee. Dieser kleine Fluß treibt große Mengen von Geröll in den See und trägt damit zur Verlandung bei. Ein anderer wichtiger Zufluß ist die Prien aus dem Aschauer Tal, ein Abfluß ist die Alz. Fünf Halbinseln und drei Inseln gliedern den Chiemsee in einen kleineren westlichen und einen größeren östlichen Teil. Die größte der Inseln ist die Herreninsel mit dem Schloß Ludwigs II., sehr viel kleiner ist die Fraueninsel mit dem über 1000 Jahre alten Benediktinerinnenkloster, und am kleinsten ist die unbewohnte Krautinsel. *1, 4, 12, 14/15, 44/45, 46, 47*

EGGSTÄTT-HEMHOFER SEENPLATTE ㉓. Das Naturschutzgebiet zwischen Hemhof und Seeon nordwestlich und nördlich des Chiemsees ist die seenreichste Landschaft Bayerns. Der Langbürgner See ist mit 1,03 Quadratkilometern der größte der ungefähr 30 Seen. Die Landschaft wurde durch die letzte Eiszeit geprägt, als beim Aufprall des Inngletschers auf den Chiemseegletscher gewaltige Eisbrocken abbrachen und Toteisseen entstanden. Die Seenplatte ist ein ideales Erholungsgebiet.

SIMSSEE ㉔. Der Simssee ist mit einer Länge von etwa sechs Kilometern, einer Breite bis zu zwei Kilometern und einer maximalen Tiefe von 21 Metern nach dem Chiemsee und dem Waginger See der drittgrößte See des Chiemgaus. Badeplätze fin-

Im Chiemgau gibt es ausgedehnte Moorgebiete: Hier das Hochmoor («Filz») am Frillensee.

den sich bei Baierbach, Ecking und Pietzing. In *Weinberg* bei Baierbach gibt es beim «Gocklwirt» eine Weltuhr zu sehen.

WAGINGER SEE ㉕. Der See entstand aus dem Schmelzwasser eines eiszeitlichen Gletscherrestes und gilt als der wärmste See Oberbayerns. Im Norden ist er mit dem Tachinger See durch einen Damm verbunden. Noch im letzten Jahrhundert hatte er eine viel größere Ausdehnung. 1867 wurde er um etwa einen Meter tiefer gelegt, wodurch 996 Tagewerk Sumpf trockengelegt und 370 Tagewerk Neuland gewonnen werden konnten. Damals wurde die Landverbindung zum Nordufer freigelegt. Die beiden miteinander verbundenen Seen haben eine Länge von zwölf Kilometern, eine Breite bis zu drei Kilometern und sind 30 Meter tief. *2/3*

Östlich von Inzell, am Fuß des Zwiesels, liegt der Frillensee.

Am Simssee bei Ecking. Bade- und Bootsliegeplätze am «Rosenheimer Haussee» sorgen im Sommer für regen Betrieb.

TEXTNACHWEIS

Ludwig Thoma: Erinnerungen. München: R. Piper Verlag 1919.

BILDNACHWEIS

Archiv für Kunst und Geschichte, Berlin: S. 20 u.
Bayerische Verwaltung der staatlichen Schlösser, Gärten und Seen, München: S. 20 l.
Kurt Schubert, Prien: Umschlag-Rückseite, oben links.
Staatliche Kunsthalle, Karlsruhe: S. 24.

Alle übrigen Abbildungen stammen von Georg Kürzinger, München.

Die Karte auf Seite 49 zeichnete Astrid Fischer-Leitl, München.

Wir danken allen Rechteinhabern für die Erlaubnis zu Nachdruck und Abbildung. Trotz intensiver Bemühungen war es nicht möglich, alle Rechteinhaber zu ermitteln. Wir bitten diese, sich an den Verlag zu wenden.

Alle Angaben dieses Bandes wurden von den Autorinnen sorgfältig recherchiert und vom Verlag auf Stimmigkeit und Aktualität geprüft. Allerdings kann keine Haftung für die Richtigkeit der Informationen übernommen werden. Für Hinweise und Anregungen sind wir jederzeit dankbar.
Zuschriften bitte an Verlag C. J. Bucher, Lektorat, Goethestraße 43, 80336 München.

Umschlagfotos:
Vorderseite: Der Chiemsee mit Fraueninsel.
Rückseite: Bei einem Volksfest (oben links); Kloster Baumburg (oben Mitte); Schloß Herrenchiemsee (oben rechts); bei Bergen (unten links); bei Gstadt am Chiemsee (unten rechts).

Vor- und Hintersatz: Flug mit der Deutschen Alpensegelschule, Unterwössen.
Seite 1: Am Chiemsee.

REISEN IN DEUTSCHLAND
CHIEMGAU
HERRENCHIEMSEE · FRAUENINSEL

Konzeption: Axel Schenck
Lektorat: Heinz Gmelch, Katrin Ritter
Bildgestaltung: Joachim Hellmuth
Graphische Gestaltung: Werner Poll
Herstellung: Angelika Kerscher

Technische Produktion:
Fotosatz Ressemann, Hochstadt
Lana-Repro, I-Lana
Kastner & Callwey, Forstinning (Druck und Bindung)

© 1994 by Verlag C. J. Bucher GmbH, München
Alle Rechte vorbehalten
Printed and bound in Germany
ISBN 3 7658 0870 9

Der Fotograf:
Georg Kürzinger, 1957 in Oberaudorf geboren, seit 1989 freier Fotograf. Unter anderem Bildautor des Reisebildbandes »Bayern« im Verlag C. J. Bucher. Lebt in München.

Die Autorinnen:
Rita Baedeker, geboren 1951 in Stuttgart. Redakteurin der »Süddeutschen Zeitung«. Autorin von »Tirol · Südtirol« und von Bucher's Städtereisen »Verona«. Lebt in München.

Marie-Louise Schmeer-Sturm, 1954 in München geboren. Tätigkeit als Studienreiseleiterin, im Verlag C. J. Bucher Mitautorin des Reisebildbandes »Bayern«. Lebt in München.

REISEN IN DEUTSCHLAND ÖSTERREICH · SCHWEIZ

Allgäu · Bayerischer Wald
Berlin
Bodensee
Chiemgau/Herrenchiemsee
   Fraueninsel
Dresden
Erzgebirge
Frankfurt · Hamburg
Harz
Helgoland
Herrenchiemsee/
   Frauenchiemsee
Kärnten · Köln · Leipzig
Luzern/Vierwaldstättersee
Mecklenburger Seen
Ostfriesische Inseln
Ostseeküste von Wismar
   bis Usedom
Potsdam
Rügen/Hiddensee
Sächsische Schweiz/
   Elbsandsteingebirge
Sauerland · Schwarzwald
Spreewald · Steiermark
Sylt · Thüringen
Thüringer Wald · Usedom
Weimar · Zürich

Madeira · Mallorca
Malta/Gozo/Comino
Marokko
Normandie
Provence · Rußland
Santorin und Mykonos
Sizilien · Toskana
Türkische Mittelmeerküste

FERNREISEN

Amazonas/Pantanal
Australien
Bali
Canyonland
Florida
Grand Canyon
Guatemala
Indianerland
Kalifornien
Kalifornische Nationalparks
Kanada
Karibische Inseln
Mauritius
Neuseeland
Südafrika
Tibet
Yellowstone National Park

REISEBEGLEITER

Åland-Inseln
Algarve
Anatolien/Osttürkei
Die Böhmischen Bäder
Bretagne
Elba · Gardasee
Gran Canaria/Teneriffa
Irland
Jugoslawische Adria
Kreta
Lappland · Lofoten

STÄDTEREISEN

Bangkok · Barcelona · Budapest
Danzig · Dublin · Florenz
Granada · Helsinki · Istanbul
Kapstadt · Kopenhagen
Lissabon · London · Madrid
Moskau · New York · Oslo · Paris
Porto · Prag · Rio de Janeiro
San Francisco · Sevilla
Singapur · St. Petersburg
Stockholm · Tokyo · Verona
Warschau · Washington

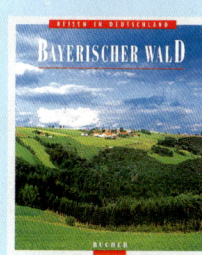

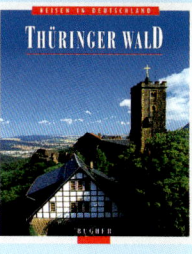

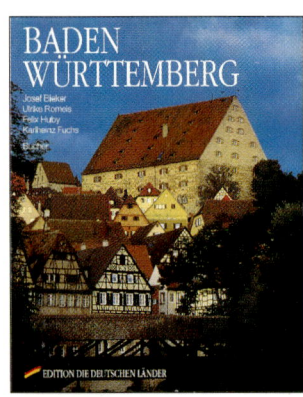